DESIGN, CULTURA
E SOCIEDADE

✱ Os livros dedicados à área de DESIGN têm projetos que reproduzem o visual de movimentos históricos. Neste módulo, as aberturas de partes e capítulos com formas geométricas e os títulos em linhas redondas e diagonais fazem referência aos pôsteres da Bauhaus, a icônica escola alemã de design, arquitetura e artes plásticas.

DESIGN, CULTURA E SOCIEDADE

Dayanna dos Santos Costa Maciel
Stephanie Freire Brito

Rua Clara Vendramin, 58 . Mossunguê . CEP 81200-170 . Curitiba . PR . Brasil
Fone: (41) 2106-4170 . www.intersaberes.com . editora@intersaberes.com

Conselho editorial
Dr. Ivo José Both (presidente)
Drª Elena Godoy
Dr. Neri dos Santos
Dr. Ulf Gregor Baranow

Editora-chefe
Lindsay Azambuja

Gerente editorial
Ariadne Nunes Wenger

Assistente editorial
Daniela Viroli Pereira Pinto

Edição de texto
Mille Foglie Soluções Editoriais
Monique Francis Fagundes Gonçalves
Gustavo Piratello de Castro

Capa
Débora Gipiela (design)
Lightspring/Shutterstock (imagem)

Projeto gráfico
Bruno Palma e Silva

Diagramação
Muse Design

Equipe de design
Débora Gipiela

Iconografia
Regina Cláudia Cruz Prestes

Dados Internacionais de Catalogação na Publicação (CIP)
(Câmara Brasileira do Livro, SP, Brasil)

Maciel, Dayanna dos Santos Costa
   Design, cultura e sociedade/Dayanna dos Santos Costa Maciel, Stephanie Freire Brito. Curitiba: InterSaberes, 2021.

   Bibliografia
   ISBN 978-65-5517-931-6

   1. Cultura 2. Design 3. Design – Aspectos sociais 4. Design – Estudo e ensino I. Brito, Stephanie Freire. II. Título.

21-54765   CDD-701.03

Índices para catálogo sistemático:

1. Design e sociedade   701.03

               Maria Alice Ferreira – Bibliotecária – CRB-8/7964

1ª edição, 2021.
Foi feito o depósito legal.
Informamos que é de inteira responsabilidade das autoras a emissão de conceitos.
Nenhuma parte desta publicação poderá ser reproduzida por qualquer meio ou forma sem a prévia autorização da Editora InterSaberes.
A violação dos direitos autorais é crime estabelecido na Lei n. 9.610/1998 e punido pelo art. 184 do Código Penal.

SUMÁRIO

Apresentação 8

1. **Sociedade: uma construção** 16
   - 1.1 O que é sociedade? 17
   - 1.2 Concepções de sociedade 24
   - 1.3 Elementos constitutivos da sociedade 36
   - 1.4 Migração humana 39
   - 1.5 Valores contemporâneos da sociedade 43
2. **Cultura: síntese e análise** 50
   - 2.1 O que é cultura? 51
   - 2.2 Manifestações culturais de uma sociedade 59
   - 2.3 Cultura material *versus* cultura imaterial 64
   - 2.4 Ambiente cultural e trocas de informação 68
   - 2.5 Globalização e cultura 73

3. **Design e sociedade** 80
    - 3.1 O papel social do design 81
    - 3.2 Design como agente de criação de linguagem e cultura contemporânea 87
    - 3.3 Como o design se relaciona com a cultura de massa, a cultura de redes e a cultura de tribos 94
    - 3.4 Modismo, moda, tendências e macrotendências 102
    - 3.5 Design, globalização e regionalismo 106
4. **Ética profissional no design** 112
    - 4.1 Design e ética 113
    - 4.2 Design, política pública e tecnologia 124
    - 4.3 Design e propriedade intelectual 130
    - 4.4 Design e propriedade cultural 134
    - 4.5 Pesquisa em design 138
5. **Design para transformação social** 146
    - 5.1 Design e consumo 147
    - 5.2 Design e sustentabilidade 153
    - 5.3 Design social 159
    - 5.4 Design aberto 170
6. **Design e economia** 176
    - 6.1 O design nos paradigmas da economia 177
    - 6.2 Design e produção 191
    - 6.3 Design e economia criativa 197
    - 6.4 Design e economia colaborativa 200

Considerações finais 204
Referências 206
Sobre as autoras 234

APRESENTAÇÃO

O estudo sobre os diversos elementos presentes no cotidiano das pessoas, em tudo que as cerca, demonstra que o design é mais dinâmico e fundamentado do que se pode imaginar. Um conjunto de fatores históricos, sociais, culturais, científicos, entre outros, transformam-se nesse enorme emaranhado de desenhos visualmente agradáveis – ou não – que vemos, utilizamos, produzimos, consumimos, aprendemos e ensinamos.

O design da atualidade carrega consigo uma história de estudos e significados que revelam a evolução da humanidade. As funcionalidades atreladas ao design demonstram como o desenvolvimento desse campo beneficia os seres humanos e os une, transbordando significados e facilitando comunicação, na ampla dinâmica de culturas existentes.

Nesse sentido, a construção de um material que envolva os diversos aspectos citados presenteia os envolvidos com uma intensa, ampla e desafiadora missão: a de creditar de forma justa à sociedade os principais marcos da construção do design. Além disso, a concepção deste trabalho está imbricada por uma rede de significados entre saberes, experiências e práticas, com o entendimento de que tais conhecimentos se caracterizam por um processo de transformação constante e ininterrupto.

Dessa forma, cada novo olhar e cada nova relação abrem novas janelas de pensamento e ampliam a percepção da importância do design na vida de cada ser que é por ele afetado.

No período de organização desta obra, constatamos que as escolhas das temáticas aqui abordadas estão imersas em sentido e fundamento, possibilitando ao leitor a ampliação de seus conhecimentos sobre o papel de um profissional de design no mundo.

Para tanto, optamos por contextualizar os principais marcos da sociedade. Com isso, ao longo do texto, tocamos em discussões pertinentes à sociologia. Esse saber é relevante na formação de profissionais cada vez mais capazes de beneficiar o mundo e agregar boas práticas mediante seus ofícios. Elementos de estudo como a ética auxiliam a entender como contribuir para o bem-estar de uma sociedade e de que modo vincular essa prática em qualquer ambiente profissional.

Tendo esclarecido alguns aspectos epistemológicos desta obra, especificamos que o estilo de escrita aqui adotado é influenciado pelas diretrizes da redação acadêmica. No entanto, esclarecemos que em certas passagens aplicamos maior ou menor rigor no tratamento e na exposição das informações sobre a temática. Sendo assim, incluímos seções e trechos em que propomos um diálogo com o leitor, nos quais temos a intenção de criar um ambiente de aproximação, como em uma aula expositiva, simulando reações, dúvidas e inquietações de um contexto real de sala de aula. Ainda a respeito da estrutura da obra, frisamos que os seis capítulos que a compõem são autônomos, uma vez que cada um contempla um subtema específico.

A propósito, fazemos recorrentemente menções a passagens anteriores e posteriores com o intuito de estabelecer vínculos entre as diferentes seções do livro, de forma a facilitar a compreensão. Em resumo, a leitura sequencial e linear da obra na íntegra, embora possível, não é obrigatória para um melhor aproveitamento e compreensão das informações aqui dispostas.

Com o objetivo de elencar os principais tópicos aqui trabalhados, destacamos a abordagem apresentada no Capítulo 1, em que expomos as dimensões teórico-conceitual, histórica e educacional da construção dos saberes da sociedade, seus elementos constitutivos e seus valores contemporâneos.

No Capítulo 2, relacionamos as manifestações culturais e formas de expressão absorvidas pelo mercado, sob formatos culturais e econômicos, as quais podem unificar a sociedade, por meio de informação, elementos de design e comunicação.

No Capítulo 3, focalizamos os aspectos comerciais sob os quais o design atua, citando a transformação social que a área é capaz de empreender mediante outros atores sociais, desde o princípio das atividades comerciais até os dias atuais.

Já nos Capítulos 4 e 5, promovemos uma aproximação entre os estudos que tratam as modalidades do design, suas formas de condução e alguns aspectos éticos e judiciais.

Por fim, no Capítulo 6, abordamos as formas de condução do design na perspectiva econômica, em diversas vertentes. Nesse capítulo, tratamos também da integração das diferentes modalidades do design.

Com pretensões essencialmente didático-pedagógicas, disponibilizamos a você, leitor, um conjunto de conhecimentos relacionados às atividades do design sob os mais diversos modelos de desenvolvimento econômico e social ao longo da história.

Fazemos a ressalva de que esta obra não reduz ou limita a discussão em questão. A intenção é empreender uma sintetização estratégica com vistas à formação do profissional de design que se disponha a contribuir para um mundo cada vez melhor e mais justo socialmente.

Diversos paradigmas teóricos são aqui contemplados, de modo a oferecer uma compreensão ampla do design. Neste trabalho, nos posicionamos alinhadas às perspectivas da realização do design como atividade criadora, que coopera com o progresso comercial, econômico, educacional e cultural dos consumidores.

Dessa maneira, buscamos valorizar a exploração das análises do comportamento da sociedade, de seus valores, costumes e culturas. Esperamos que este material contribua para a formação de designers dispostos a atuar de maneira criativa e consciente nos mais diferentes contextos.

Aos estudantes, pesquisadores, professores de design e demais interessados nesse campo de atuação, desejamos excelentes reflexões.

SOCIEDADE: UMA CONSTRUÇÃO

Dedicamos este capítulo ao estudo da sociedade, suas definições, principais correntes teóricas, elementos de constituição e fatores de interferência nos valores e na cultura dos indivíduos. O conhecimento sobre esses aspectos possibilita a compreensão da estrutura da sociedade contemporânea.

1.1 O que é sociedade?

A palavra *sociedade* corresponde a um agrupamento de indivíduos. Todos nós vivemos em sociedade. Até mesmo aquele ser humano que opta por viver em total isolamento é um ser que foi socializado. Um bebê humano é incapaz de se alimentar, de se comunicar e de cuidar de si desde o seu nascimento; ele precisa de outro indivíduo para assisti-lo.

Expandindo essa noção recorremos às palavras de Elias (1994, p. 53):

> A sociedade, como sabemos, somos todos nós; é um grande número de pessoas reunidas. Mas um bom número de pessoas reunidas na Índia e na China forma um tipo de sociedade diferente da encontrada na América ou na Grã-Bretanha; a sociedade composta por muitos indivíduos na Europa do século XII era diferente da encontrada nos séculos XVI ou XX. E, embora todas essas sociedades certamente tenham consistido e consistam em nada além de muitos indivíduos, é claro que a mudança de uma forma de convívio para outra não foi planejada por nenhum deles.

Acrescentamos que o ato de pensar tem caráter social, assim como aprender uma linguagem. Embora cada um de nós chegue ao mundo com a capacidade de aprender diferentes linguagens, esse aprendizado só se efetiva quando o indivíduo está em contato com o mundo social.

Assim, na vida em sociedade, as pessoas vivem juntas, agrupadas e reunidas. No decorrer da história, alguns pensadores clássicos se dedicaram a refletir sobre esse aspecto da humanidade, conforme esclarecemos adiante. Estes se debruçaram sobre os trabalhos dos cientistas sociais atinentes a acontecimentos históricos que marcaram as mudanças da sociedade, bem como sobre suas adaptações nas diferentes formas de convívio.

Os cientistas sociais buscam entender as formas de convivência entre as pessoas e as relações fundamentais em uma sociedade, por meio de algumas questões norteadoras, entre elas:

- Como funciona uma sociedade?
- Por qual motivo as pessoas em geral fazem coisas muito parecidas?
- Por que as sociedades mudam?
- Por que a vida em sociedade produz diferenças tão marcantes entre seus membros?
- Quais fatores diferenciam grupos e sociedades?
- Por que algumas pessoas são exploradas, subjugadas e até mesmo escravizadas?

Essas são apenas algumas dúvidas dentre milhares que podem ser levantadas a respeito da vida em sociedade. Tais questões relativas ao indivíduo e sua participação na sociedade exemplificam um **pensamento sociológico**.

A afirmação "vivemos em sociedade" ensejou muitas reflexões sobre o indivíduo e seu lugar no mundo: um pensamento que parte de um ponto individual, mas que alcança a coletividade. Assim, conforme Lima (2015), desde o século XVIII, as questões analisadas pelos pensadores concernentes à sociedade deram origem ao que hoje conhecemos como *ciências sociais* ou *sociologia*. Por sua complexidade, esse campo de estudos articula-se com a antropologia, a ciência política e a ciência econômica. Em acréscimo, abrange noções acerca das formações históricas dos espaços de convivência e da organização da sociedade.

Turner e Elliot (2012, p. 230, tradução nossa) discutem a postura analítica dos estudiosos sobre a sociedade:

> Como o conceito de sociedade em sociologia tem sido construído historicamente tomando como unidade empírica o Estado-nação e seus contornos territoriais, o campo sociológico se mostra seguro ao examinar diversas instituições nacionais que operam em fronteiras territoriais demarcadas. Contudo, essa postura analítica se traduz em uma atitude teoricamente vacilante diante da existência de fenômenos que transbordam as fronteiras nacionais, tais como corporações transnacionais, crescente fluxo de mobilidade de pessoas e ondas de migrações, deslocamento de capital financeiro que migra velozmente de um país para outro, desenvolvimento de novas tecnologias de comunicação que conectam indivíduos situados em diferentes localidades no planeta. Ao assumir que a sociedade preexiste às diferentes formas de relações sociais, a conduta analítica atrelada aos limites do Estado-nação tem se mostrado incapaz de analisar as diferentes formas de relações sociais existentes na sociedade contemporânea. A questão que os autores procuram levantar e discutir é se esta abordagem permite compreender determinados problemas concretos da sociedade contemporânea, uma vez que num contexto de globalização as relações sociais não se confinam nos limites das sociedades nacionais, mas tendem a estender-se para além de suas fronteiras.

Embora a consolidação das ciências quem têm como objeto focal a sociedade tenha ocorrido no século XVIII, o conhecimento a respeito das relações entre os homens e seu convívio social começou a ser desenvolvido muito antes disso. O enfoque, porém, era predominantemente apoiado nos requisitos religiosos ou baseado em leis e regras definidas com o objetivo de manter uma **ordem de comportamento** entre os homens.

Dessa maneira, as observações científicas a respeito da sociedade são amplas, diversificadas e subjetivas, conforme demonstra Simmel (1971) em seus trabalhos. As múltiplas facetas e as diversas particularidades fundidas no ambiente social são analisadas em várias teorias que se integram e se complementam. Por esse motivo, destaca-se a importância de conhecer as diferentes correntes teóricas sobre a realidade social.

O pensamento social tem seus primeiros registros na Grécia Antiga, com a contribuição de pensadores clássicos e helênicos como Platão e Aristóteles. Na época, já se desenvolviam teses e hipóteses que demonstravam uma preocupação com a sociedade. Alguns questionamentos como "Que modelo de sociedade deveria ser constituído?" ou "Que formas de relação social são válidas?" são exemplos dos pensamentos com foco social desse período.

Nesse período, alguns conceitos como república, política e jurisdição foram cunhados e deslocaram os modelos de comportamento e os problemas sociais de uma perspectiva puramente religiosa para uma visão mais sistemática. Para uma melhor compreensão sobre a evolução do pensamento social, observe o Quadro 1.1.

Quadro 1.1 – **Evolução do pensamento social**

Período	Principais pensadores	Principais ideias sociais
Helenístico e clássico (civilização grega) – entre 338 a.C. e 146 a.C	Platão (429-341 a.C.); Aristóteles (384-322 a.C.)	Pensamentos sociais baseados em questionamentos sobre modelos ideais de sociedade.
Idade média – entre 476 d.C. e 1453	Ibn Khaldun (1332-1406); São Tomás de Aquino (1332-1406)	Ideias sociais baseadas no cristianismo.
Renascença – entre 1300 e 1600	Thomas Morus (1478-1535); Maquiavel (1469-1527); Hobbes (1588-1679); Locke (1632-1704)	Pensamentos sobre os problemas sociais, que se relacionavam com questões comerciais e econômicas.
Século XVIII – entre 1701 e 1800	Montesquieu (1689-1775); Hume (1711-1776); Adam Smith (1723-1790); Jean Jacques Rousseau (1712-1778); Malthus (1766-1834)	Questionamentos sobre a realidade social de desigualdade e exploração e debates sobre relações equitativas entre os homens.

Fonte: Elaborado com base em Nodari, 2014.

O Quadro 1.1 aponta que esses pensamentos, construídos até o século XVIII, antes da consolidação das ciências sociais, caracterizavam-se como uma **filosofia social**, e não como um pensamento sociológico científico ou institucionalizado, de fato.

Como assinala Fontoura (1970), após o debate sobre a posição do homem na dinâmica social atravessar o pensamento medieval e a renascença, alguns autores clássicos como Thomas Morus, Maquiavel, Hobbes, Locke e Rousseau desenvolveram teorias sobre as formas de pensamento sobre as questões sociais.

À medida que os processos de produção e os modelos econômicos se desenvolveram, as obras que continham comentários sobre os fatores sociais passaram a incluir as relações presentes no campo da economia, da política e da democracia. Esse contexto da formação dos pilares econômicos e sociais fomentou, no século XVIII, a "doutrina socialista". Conforme Malatesta (2003), essa doutrina tinha como mote questionar as injustiças relativas à distribuição de renda e à exploração de trabalhadores. Além disso, exigiam-se mudanças em prol a uma sociedade mais justa e igualitária.

As obras dos pensadores citados contribuíram para os debates políticos no que diz respeito à democracia, às movimentações econômicas e comerciais, bem como sobre a construção do pensamento acerca da moral, entre outros pontos. Ao reconhecer isso, constatam-se as tímidas formações de pensamento sobre questões que implícita e explicitamente estavam ligadas à realidade social.

Cumpre acrescer que as ciências sociais também se dedicam a estudar as instituições que as sociedades desenvolvem, as relações de poder entre os sujeitos e as diversas culturas que os seres humanos formam (Fontoura, 1970). Tudo isso, porém, já existia quando a sociologia foi criada; ou, melhor, sempre existiu. Afinal, desde que o homem passou a se relacionar com seus pares e desenvolveu a cultura, esses aspectos eram passíveis de estudo. Ao longo da história, o ser humano formou sociedades, estabeleceu instituições, relacionou-se com poderes, desenvolveu culturas diferentes. E por que, então, a sociologia surgiu apenas no século XIX, sendo que todos esses elementos já existiam?

Para que se forje algum pensamento em alguma área do conhecimento humano, são necessárias condições históricas, ou seja, é preciso haver algum evento ou fenômeno que estimule seu surgimento; com a sociologia, isso não seria diferente. Nesse caso, os marcos que impulsionaram essa área científica foram as revoluções industrial e francesa no século XVIII, as quais promoveram profundas mudanças no modo de vida das pessoas, gerando diversos problemas sociais, como desigualdade, pobreza e insegurança.

A Revolução Industrial e a Revolução Francesa resultaram em muitas transformações, incluindo mudanças nos valores morais, nas normas de conduta e nos costumes, uma vez que o local de moradia também se modificou. Anteriormente, as pessoas viviam em um ambiente rural; a partir desses marcos, elas passaram por um processo de urbanização e mudaram seus hábitos. Consequentemente, toda a maneira de viver também se alterou, o que teve reflexos na política e no sistema econômico.

Além disso, novas classes sociais surgiram e algumas classes antigas deixaram de existir. Tais alterações acarretaram insegurança e instabilidade na vida das pessoas. Nesse contexto, surgiram situações de total desigualdade social, causando o sofrimento de grande parcela da população, com um acentuado contraste social, político e econômico, entre ricos e pobres.

Foi em meio a esse cenário que a sociologia se formou, no intento de responder a questões voltadas à insegurança e à desigualdade, suscitadas pelas mudanças das revoluções, bem como com o propósito de encontrar alguma solução para tais problemas. De modo geral, essa área ganhou espaço ao tomar como objeto o **homem** e sua **situação social**, em uma época em que os estudos, em sua maioria, focavam questões transcendentais, filosóficas e religiosas.

O estudo da sociedade atravessou os horizontes temporais e assumiu novas nuances perante acontecimentos históricos diversos; e assim a sociologia perpetuará enquanto houver relações de poder.

1.2 Concepções de sociedade

A diversidade de contextos sociais estimula o desenvolvimento de várias concepções de sociedade. Nem certas nem erradas, as formas de pensamento referentes ao social são complementares e perfeitamente aplicáveis.

Os principais pensadores da sociologia formularam importantes teorias, e suas contribuições, além de possibilitarem a compreensão sobre a ação dos indivíduos em sociedade ao longo da história, superam as barreiras do tempo, aplicando-se a diferentes realidades atuais.

As diversas vertentes que constroem esse amplo campo de estudos e que receberam maior destaque na área do conhecimento social foram desenvolvidas por Auguste Comte (1798-1857), Karl Marx (1818-1883), Émile Durkheim (1858-1917) e Max Weber (1864-1920). Vale salientar que esses não são os únicos teóricos importantes da área; existem muitos estudiosos relevantes que fortalecem o campo, porém, exporemos a seguir as propostas desses clássicos pensadores.

1.2.1 Auguste Comte e o positivismo

Na virada do século XVIII para o século XIX, no ápice do processo de industrialização e de urbanização, imperava o cientificismo, vertente do pensamento humano que enaltece a **razão** como poder absoluto. Ou seja, de acordo com essa vertente, o pensamento construído pela razão teria maior poder de explicar o mundo (tanto o físico quanto o social), por meio de sua união com a ciência.

No contexto das revoluções industrial e francesa, os sociólogos observaram as mudanças ocorridas na sociedade, bem como os acontecimentos sociais, e constataram a necessidade de analisar e de instituir leis por meio da experimentação científica. Diante disso, a origem do positivismo e a institucionalização da sociologia como ciência social são atribuídas a Auguste Comte (Lacerda, 2009). Nesse período, tanto no mundo físico quanto no social, havia um predomínio das ciências naturais, a exemplo das ciências exatas.

Comte, ao observar os fenômenos sociais decorrentes da Revolução Industrial e da Revolução Francesa, classificou-os como "novos problemas", em analogia aos sintomas de uma doença a ser tratada e curada. Ele acreditava que os problemas sociais e as sociedades, em geral, precisavam ser estudados com o mesmo rigor científico com que as demais ciências naturais tratavam seus respectivos objetos de estudo.

Em outras palavras, os fenômenos sociais, na concepção de Comte, deveriam ser observados com a mesma racionalidade com que um biólogo analisa os espécimes pelos quais se interessa. Diante disso, esse pensador propôs uma ciência da sociedade.

Uma vez que o positivismo defende que a ciência deve estar preocupada com as experiências reais da sociedade, a sociologia ganha enorme contribuição da inferência de leis que se prestar a explicar com maior assertividade e lógica as relações entre os fenômenos sociais observados. Dessa forma, o crescimento, o desenvolvimento, a ordem e o progresso da sociedade são construídos tomando como base essa corrente filosófica.

Nesse contexto, o aperfeiçoamento da sociedade, a evolução dos indivíduos e o processo de educação em massa dependem muito dos instrumentos operacionais utilizados. Para Medina (2012, p. 50):

> Enfaticamente, Augusto Comte quer erradicar a anarquia mental tanto das classes ilustradas como dos ágrafos. Por isso, a política popular sempre social, "deve ser acima de tudo moral". A escola constitui, pois, o espaço privilegiado de ordem e progresso da razão natural. O discurso sobre o espirito positivo culmina com a ordem necessária dos estudos positivos [...].

É inegável o valor do positivismo no processo de construção do conhecimento, no ambiente educacional e sua utilização no meio sociológico. No entanto, deve-se entender que existem outros meios importantes que atuam nessas mesmas esferas e que contribuem para a construção da educação e do conhecimento. Para Queiroz (2000, p. 28):

> A predominância da razão pura – que em Kant se mostrava subordinada à razão prática – resultou em um desequilíbrio entre as grandes áreas de conhecimento. Este desequilíbrio tem produzido uma perspectiva unidimensional do mundo e a consequente perda de qualidade, de sentido e de profundidade das coisas. As ciências humanas, que deveriam, juntamente com a filosofia e a arte, focalizar

a atenção neste aspecto, passaram a lidar com um objeto achatado, fragmentado e sem finalidade, caracterizado pelo fato dimensionado pela perspectiva unilateral do positivismo.

O positivismo de Comte exerceu influência sobre o pensamento sociológico desenvolvido posteriormente na França pelo sociólogo Émile Durkheim, sobre o qual comentaremos adiante.

1.2.2 Karl Marx e o materialismo

Karl Marx é considerado um dos mais influentes sociólogos, embora não seja essa sua única classificação, já que foi também filósofo, economista, jornalista e historiador. A verdade é que Marx foi um grande estudioso de seu tempo. O ponto alto de suas reflexões é o vínculo de seus pensamentos com a prática.

As contribuições de Marx ao pensamento universal podem ser separadas em três terrenos: filosofia, economia e política. Seu pensamento filosófico se manifesta no materialismo dialético e no materialismo histórico. Para ele, todo fenômeno da natureza, inclusive a sociedade, está submetido a um processo de nascimento, desenvolvimento e morte.

Mediante a **teoria da mais-valia**, Marx explica o mecanismo de exploração do proletariado pelo capitalista, detalhando o processo inevitável de enriquecimento dos empresários, de um lado, e, de outro, a pobreza dos trabalhadores e sua progressiva exclusão do processo de produção pelas máquinas, o que levaria ao desemprego e às crises do sistema capitalista. Nesse sentido, Marx previu também os impactos sobre o meio ambiente provocados pela exploração atroz das riquezas da Terra.

Nas palavras de Marx (1973, p. 28-29):

> As relações de produção burguesas são a última forma contraditória do processo de produção social, contraditória não no sentido de uma contradição individual, mas de uma contradição que nasce das condições de existência social dos indivíduos. No entanto, as forças produtivas que se desenvolvem no seio da sociedade burguesa, criam ao mesmo tempo as condições materiais para resolver esta contradição. Com esta organização social termina, assim, a Pré-história da sociedade humana.

Nas ciências sociais, na filosofia, na política e na economia, Marx formulou a **concepção materialista** na história, na qual são destacadas as relações sociais de produção, aquelas que os homens estabelecem entre si conforme a estrutura econômica da sociedade. Sobre esta, erguem-se as ordens política e jurídica, bem como as formas pelas quais os indivíduos representam a realidade, o que pode ser chamado de *consciência social*.

Ao identificar a estrutura econômica como determinante central de uma formação social, o teórico concentrou sua atenção no estudo das relações sociais específicas do modo de produção capitalista, sendo este o trabalho que desenvolve com profundidade em seu livro *O Capital*.

Em suma, a corrente materialista de Marx enfatiza as condições materiais: a sociedade é determinada pelas **relações de produção de capital**, cujo modelo corresponde à maneira como os homens produzem o mundo no qual estão inseridos e como o modificam por meio das atividades produtivas, principalmente no que diz respeito aos meios de produção que são utilizados.

Para a corrente marxista é fulcral estudar a sociedade capitalista, na qual as relações de produção são designadas segundo a propriedade privada dos meios produtivos. Os detentores desses meios tendem a explorar os que não são proprietários de qualquer meio, os quais têm unicamente sua força de trabalho.

A **força de trabalho** é recompensada com um salário, no entanto, na concepção marxista, a exploração se configura por meio da mais-valia. De acordo com essa visão, o capitalismo é uma estrutura de classes em que a existência e a permanência da classe capitalista requer a existência e a permanência da classe trabalhadora. Por seus interesses divergentes, esses grupos participam do que Marx chama de *luta de classes*.

Esse revolucionário socialista se concentra em analisar a exploração do trabalhador expondo o lado negativo da mecânica do capitalismo. As dificuldades e as crises que o autor debate se arrastam no decorrer dos tempos, e os fatores que as provocam, por muitas vezes, são atribuídos ao sistema macroeconômico capitalista.

1.2.3 Émile Durkheim e o funcionalismo

Émile Durkheim é conclamado um dos pais da sociologia. Associando-se à vertente positivista, ao refletir sobre a vida social, defendeu que esta poderia ser regida por leis e que caberia à sociologia enunciá-las. Assim, seus trabalhos traziam métodos científicos aplicados à sociedade, resultado da influência que Comte exerceu sobre seu pensamento.

Para Durkheim, as sociedades somente poderiam se manter por meio de crenças comuns. Além disso, ele comungava da ideia comtiana de que uma sociedade precisava de um **consenso** e que este só poderia ser estabelecido por **crenças absolutas**.

Contudo, não obstante essa associação com a proposta de Comte, Durkheim formulou uma nova vertente sociológica, a qual observava os fenômenos sociológicos de forma um pouco diferente do que era praticado até então. De acordo com Queiroz (1997, p. 30):

> Liderados por Durkheim, os sociólogos do L'Année Sociologique entendiam por representação social um conjunto de ideias, saberes e sentimentos provenientes da estrutura social mais ampla, que os indivíduos incorporam, combinam e representam com a função de promover cooperação. O conjunto das representações individuais nunca chegaria à essência das representações coletivas, as quais, além de serem independentes e autônomas, transcendem qualitativamente as primeiras. Durkheim procurou, nas manifestações religiosas e nos sistemas totêmicos protocientíficos mais simples e primitivos, os princípios elementares da lógica social. Estabeleceu, em suma, que o ser humano percebe, sente e pensa o mundo em que vive com base em princípios organizacionais provenientes de uma realidade que lhe é externa e independente, ou seja, a realidade social que antecede, coage e se impõe ao indivíduo.

Em suas obras, Durkheim desenvolveu conceitos essenciais para a compreensão da sociedade, entre eles: fatos sociais; solidariedade orgânica e solidariedade mecânica; e coerção social. Esse pensador investigou a forma como as sociedades poderiam manter sua integridade e coerência na modernidade, pois, para ele, a sociologia poderia elucidar questões filosóficas tradicionais, examinando-as de modo empírico. Ele acreditava que a vida social deveria ser examinada com a mesma objetividade com que cientistas estudam o mundo natural. De modo mais claro, Durkheim propunha que o investigador teria de se posicionar com objetividade diante dos fatos sociais, sem, contudo, equiparar uma organização social a um fenômeno natural; ao contrário, por diversas vezes, ele expôs que a sociedade consistia essencialmente em "representações", crenças e sentimentos. Sociedades tradicionais com laços sociais e religiosos não seriam mais assumidas. Além disso, ele anunciou que novas instituições sociais estavam surgindo.

No livro *As regras do método sociológico*, Durkheim relaciona o conceito de **representações coletivas** à noção, mais abrangente, de **fatos sociais**. Estes seriam as maneiras de fazer algo, capazes de exercer sobre o indivíduo uma coação exterior ou, ainda, independentemente de suas manifestações individuais. A respeito dos fatos sociais no âmbito do trabalho, Durkheim investiga os problemas sociais por meio do funcionalismo. Sobre isso, Cabral (2004, p. 7) explica:

> Para ele, a explicação era apenas um passo na solução de problemas sociais práticos, pois concebia a sociedade como estando sujeita às condições de saúde ou doença moral, sendo o sociólogo o seu médico. Definido o problema dessa forma, sua solução implicava a determinação da função da divisão do trabalho, a determinação das causas de que essa divisão dependia e a determinação das formas de "doença" que ela exibia (Jones, 1986, p. 25). A palavra função refere-se à (Jones, 1986, p. 26):
> - sistema de movimentos vitais (digestão, respiração etc.) sem referência às consequências desses movimentos; e
> - relação entre esses movimentos e as correspondentes necessidades do organismo (a digestão incorpora alimentos essenciais ao corpo, a respiração leva para dentro

do organismo os gases necessários etc.). Durkheim enfatiza a segunda opção, a divisão do trabalho em termos da necessidade orgânica que esta preenchia.

Portanto, o funcionalismo de Durkheim é análogo a um sistema biológico: todos os indivíduos assumem sua posição na sociedade e, por meio da ação social, interagem de maneira integrada e complementar, sendo que todas as posições são importantes para o pleno funcionamento do corpo social.

De acordo com o pensador francês, a compreensão dos problemas nasceria dos estudos sobre as formas de organização social em que os indivíduos alcançam níveis de consenso por meio da solidariedade mecânica e orgânica. Esse pensador argumenta que a solidariedade é mantida quando os indivíduos se integram com sucesso em grupos sociais e partilham um conjunto de valores e costumes. No livro *Da divisão social do trabalho*, Durkheim examina a mudança social, defendendo que o advento da era industrial representava a emergência de um novo tipo de solidariedade.

Segundo Cabral (2004, p. 7), Durkheim determina os tipos de solidariedade da seguinte forma:

- Solidariedade mecânica – típica das sociedades tradicionais, primitivas ou arcaicas. É representada pela metáfora da máquina. É uma solidariedade por semelhança, característica das sociedades em que os indivíduos são "intercambiáveis" por diferirem pouco uns dos outros, reconhecem os mesmos objetos como sagrados, têm os mesmos sentimentos e valores, além do fato de que são orientados pelos imperativos e proibições sociais.

    A sociedade tem coerência porque os indivíduos ainda não se diferenciaram. A implicação é a de que o indivíduo não vem historicamente em primeiro lugar, uma ideia central no pensamento de Durkheim;

- Solidariedade orgânica – típica das sociedades industriais, modernas. É representada pela metáfora do organismo. É uma solidariedade por diferenciação, característica das sociedades em que os indivíduos não são "intercambiáveis", diferem uns dos outros e têm a liberdade de crer, querer e agir conforme suas preferências. Os indivíduos diferem uns dos outros porque ocorre o consenso, o qual resulta da diferenciação ou se exprime por seu intermédio.

Em síntese, para Durkheim, a sociedade é um agrupamento de normas e regras que determinam padrões de comportamento, pensamentos e até mesmo sentimentos que são impossíveis de existir em uma consciência individual. Isto é, na concepção do autor, os sentimentos e os valores, de forma prática, são um fenômeno social, e o homem, por si só, não os teria. Tanto é assim que as instituições determinam os valores e o conjunto de regras a serem seguidos pelo indivíduo. Durkheim explica que as regras, as leis e as normas são criadas pelas leis sociais e regem os indivíduos estando estes de acordo ou não.

1.2.4 Max Weber e a ação social

Max Weber, além de sociólogo, foi um grande político, tendo desenvolvido suas ideias, teorias e produção intelectual em ambiente acadêmico. Em suas obras, esse estudioso abordou assuntos pertinentes à religião e à política, enfocando a função da religião e da política nas práticas da sociedade.

Seus estudos investigam o significado da ação social. Mas o que seria a ação social? Para ele, a ação social seria qualquer ato realizado pelo indivíduo segundo a orientação das ações dos outros. Estas podem ser passadas, presentes ou futuras. Levando em consideração a religião e a política, Weber diagnostica os valores que ordenam o capitalismo.

O sistema macroeconômico vigente – o capitalismo – está estruturado, segundo esse pensador, sobre valores e princípios de cunho religioso e político. Além disso, o autor relaciona a mudança de tempo e aponta que a maneira como os seres humanos se altera ao longo da história.

> Max Weber construiu uma formalização teórica e metodológica de investigação científica que exerceu grande influência no campo das ciências sociais modernas. A sua sociologia parte da singularidade individual subjetiva e intencionalmente voltada para um 'outro'. Seu método pretende alcançar uma compreensão interpretativa (Verstehen) do fato social que sempre apresenta uma natureza única. O atributo básico do social, nessa perspectiva, é a relação do seu significado subjetivo com a ação dos outros. Enquanto para Durkheim as representações sociais são apenas sombras refletidas pela estrutura social objetiva, para Weber, elas constituem a matéria-prima fundamental que forja e dá sentido à realidade social. Embora se utilize de representações e de valores sociais, a sociologia de Weber pretende ser objetiva e, portanto, livre de juízos de valor. Para Weber, a compreensão interpretativa (Verstehen) é fundamental ao entendimento das atitudes subjetivas dos outros, mas não é suficiente como explicação científica. A interpretação só é válida quando acompanhada por evidência empírica corroborante e submetida a uma análise metódica. Os tipos ideais de formação social, econômica e cultural – racionalizações radicais que dão significado explícito e reconhecível a elementos da nossa experiência – constituem referências a que o investigador deve recorrer na construção de sua análise. Cabe à sociologia, portanto, estabelecer relações lógicas e causais entre as instituições sociais (valores cristalizados) que impulsionam a história. (Queiroz, 1997, p. 36)

Assim, conforme Queiroz (1997), outro importante fator considerado por Weber é a **racionalidade**. O pensador estabelece relações práticas entre o desenvolvimento do capitalismo, da ciência, das técnicas e da tecnologia, chamando atenção para a existência de uma extrema racionalidade.

Para Weber, a sociologia tem de interpretar a ação social, seu desenvolvimento e seus efeitos. Na metodologia weberiana, a compreensão consiste na absorção do sentido subjetivo da ação. Compreender a ação humana seria, então, assimilar seu sentido subjetivo, sendo a compreensão um processo não exclusivo do conhecimento científico; afinal, qualquer pessoa pode buscar entender a ação de outros membros de seu grupo social. Assim, ele buscava compreender as bases do entendimento humano e as operações mentais a que se recorre para se pensar sobre os atos de alguém.

Em contraponto a Durkheim, Weber não vê o indivíduo como um ente inferior e subordinado à sociedade, pois as ações, os padrões, as leis e as regras são formadas na sociedade justamente pelas ações dos indivíduos. Ou seja, a sociedade é construída com base nas relações sociais e o sentido de tudo decorre das ações individuais nas interações de uns com os outros. Conforme Tomazi (2000, p. 20):

> As ideias coletivas, como o Estado, o mercado econômico, as religiões, só existem porque muitos indivíduos orientam reciprocamente suas ações num determinado sentido. Estabelecem, dessa forma, relações sociais que têm de ser mantidas continuamente pelas ações individuais.

Dessa forma, caso as ações individuais se submetessem a sentidos e valores não individuais, as estruturas construídas pela sociedade estariam condenadas à própria destruição. Portanto, o indivíduo é o responsável pela forma como a sociedade se compõe, dentre as fortalezas e fragilidades, inclusive pela posição de cada classe social.

1.3 Elementos constitutivos da sociedade

De acordo com o que expusemos até este ponto, qual sua opinião sobre o significado do termo *sociedade*? Saiba que, para existir uma sociedade, é preciso haver um grupo de seres humanos; afinal, por óbvio, um indivíduo sozinho é incapaz de compor uma sociedade. Esse grupo de seres humanos deve ter uma finalidade, um propósito ou um valor social que designe a razão de essa sociedade existir. Além disso, o agrupamento conduz e produz diversas manifestações repetidas e ordenadas, conhecidas como *manifestações em conjunto*, e, por fim, há a presença do poder para organizar e regulamentar a sociedade.

1.3.1 Finalidade ou valor social

A respeito da finalidade ou do valor social, existem dois grupos teóricos que dissertam sobre o tema: a corrente determinista e a corrente finalista. A **corrente determinista**, de forma geral, defende que não há uma finalidade na vida social, pois a vida em si é desprovida de propósitos; afinal, a vida individual ou coletiva não tem um objetivo que determina sua razão de ser, sendo a vida uma sucessão de fatos inevitáveis impossíveis de serem interferidos pela sociedade.

Já a **corrente finalista** entende que a vida em sociedade tem uma finalidade. Diante de diversas discussões sobre isso, de maneira geral, é aceito teoricamente que a finalidade da vida em sociedade é promover o bem comum de todos. Mas o que seria esse bem comum? A ideia de **bem comum** indica que a sociedade deve prover um espaço que propicie a todas as pessoas que dela fazem parte a possibilidade de atingir seus objetivos de vida. Logo, a sociedade forneceria aos indivíduos os mecanismos para atingir sua finalidade. O objetivo de vida que um indivíduo traçar deve ser, então, propiciado pela sociedade, e o sujeito, por sua vez, deve agregar a ela bons frutos gerados com seu trabalho. Nesse sentido, deve-se ter um retorno para a sociedade, sendo a finalidade desta o bem comum.

1.3.2 Manifestações de conjunto ordenadas

No dia a dia da vida social, cada pessoa tem suas funções, sejam elas laborais, econômicas, familiares, religiosas, acadêmicas, entre outras. Por exemplo, os adultos trabalham e as crianças brincam e estudam. Essa atuação, que pode ser classificada como **atuação conjunta**, é reiterada, ou seja, repetida cotidianamente.

Tal repetição também segue certa ordem, isto é, as atuações são regulamentadas, e essas ordens podem ser naturais ou éticas. A **norma natural** é normalmente regida por uma lei na qual não se pode interferir, uma lei de causa e efeito como a lei da gravidade, por exemplo. As **normas éticas**, por sua vez, regulamentam a sociedade e seguem a lógica do "dever ser". Por exemplo, apesar de não conhecermos cada uma das cláusulas do Código Penal, todos sabemos que roubar alguém é crime.

As normas éticas englobam aquela regras de cunho moral e jurídico. As primeiras seguem um caráter imperativo, por exemplo, desrespeitar os pais pode fazer o indivíduo ser malvisto pela sociedade. A norma jurídica, por seu turno, quando descumprida, prevê punições mais severas e determinadas pelo Estado. É o que acontece quando uma pessoa é presa por ter cometido um crime, por exemplo.

Marcantonio e Silva (2011) afirmam que a vida em sociedade deve ter manifestações adequadas ao bem comum. O comportamento e cada uma das ações individuais devem ser pensados avaliando-se se têm o potencial de interferir negativamente ou positivamente na vida de outro indivíduo ou no bem-estar da coletividade.

1.3.3 Poder social

Quando se faz menção ao poder, geralmente são reportadas relações de subordinação, em que uma pessoa, regulamentação ou norma tem a autoridade de submeter os indivíduos a realizarem suas ordens e vontades. Todavia, na sociedade, existem diversas formas de poder, entre eles o poder do Estado, o religioso, o econômico, o jurídico e o midiático.

Marcantonio e Silva (2011) afirmam que o **poder social** é um elemento que age no controle da sociedade com o objetivo de promover o bem comum. Em tese, ele deve se adequar às normas do direito para que seja considerado um poder justo. O reconhecimento legal de determinado poder diferencia-o de uma vontade individual e transforma-o em uma **vontade popular**, de acordo com a concordância da maioria dos indivíduos.

1.4 Migração humana

As pessoas estão em movimento constantemente, e as migrações são um desses deslocamentos. Os movimentos migratórios têm caráter espacial e implicam uma questão social séria e complexa. Todos os marcos sociais estão atrelados a transformações decisivas na história da humanidade, e com o processo de transferências de povos não poderia ser diferente.

Na perspectiva de alguns teóricos das ciências sociais, o processo de migração, além de estar diretamente ligado à característica da sociedade no que diz respeito à mutação, é uma prática que tem impacto direto no progresso da humanidade. Alguns exemplos se verificaram em guerras, revoluções e epidemias ao longo da história. Para Waitz (1863, p. 348, tradução nossa):

> Sempre que vemos um povo, de qualquer grau de civilização, que não vive em contato e ação recíproca com os outros, geralmente encontraremos certa estagnação, inércia mental e falta de atividade, que tornam qualquer mudança de condição social e política impossível. Esta é, em tempos de paz, transmitida como uma doença eterna, e a guerra aparece, então, apesar do que os apóstolos da paz possam dizer, como um anjo salvador, que desperta o espírito nacional e torna todas as forças mais elásticas.

O entendimento dessa temática depende muito do conhecimento de alguns de seus termos específicos. Dessa forma, convém diferenciar *migrante*, *imigrante* e *emigrante*.

O movimento de migração diz respeito ao caso em que uma pessoa ou um grupo muda sua residência para outro município, estado ou país. Quando se deseja destacar o referencial de origem fala-se em *emigração*; já quando o foco é o destino dessa, usa-se a palavra *imigração*.

Imigração é, portanto, o processo de entrada de uma pessoa ou de um grupo em uma cidade ou em um país. Já *emigração* se refere à saída, ou seja, ao evento em que uma pessoa ou um grupo deixou o lugar de origem em direção a um novo local de residência. O processo de migração pode ser interno ou internacional; temporário ou definitivo; forçado ou espontâneo. Os motivos das migrações e os tipos de movimentos são inúmeros.

> As migrações que ocorrem na abertura da história dos povos europeus são migrações de tribos inteiras, empurrando e pressionando unidades coletivas de leste a oeste que duraram séculos. As migrações da Idade Média sempre afetam classes individuais específicas: os cavaleiros nas cruzadas, os comerciantes, os artesãos salariais, os jornalistas, os malabaristas e os trovadores, os servos que procuram proteção nos muros de uma cidade. As migrações modernas são, pelo contrário, geralmente, uma questão de interesse privado, os indivíduos sendo liderados pelos motivos mais variados e, quase invariavelmente sem organização. O processo que se repete diariamente mil vezes é unido apenas por uma característica única, que é a questão de mudança de localidade por pessoas que buscam condições de vida mais favoráveis. (Bücher, 1901, p. 349, tradução nossa)

A migração associada às dinâmicas das estações do ano é chamada de **transumância** ou **migração sazonal**. Um clássico exemplo é o de quando, no Brasil, os nordestinos deixam o interior do Nordeste e rumam em direção ao Sudeste para trabalhar no corte da cana-de-açúcar. Isso ocorre porque o período de safra da cana coincide com o período mais seco do sertão nordestino, então, é comum que um número grande de nordestinos deixe seu local de origem para trabalhar temporariamente no corte da cana. No entanto, quando a safra se esgota, uma vez que a colheita acaba, não há mais trabalho para esse grupo, que retorna para sua região de origem. No ano seguinte, esse grupo repete esse movimento. Em várias partes do mundo, movimentos semelhantes acontecem, quase sempre associados a períodos de inverno rigoroso.

Outro tipo importante de movimento é o **êxodo rural**, que se configura quando um grande grupo social se desloca de áreas rurais em direção a áreas urbanas. Todas as sociedades do mundo que passaram pelo processo de urbanização ao longo de sua história experimentaram forte êxodo rural, desde a Inglaterra no século XVIII até no final do século XX, na China.

Nesse tipo de migração, uma massa de população se muda de uma área rural para uma urbana em busca de trabalho e mais oportunidades, a fim de alcançar maior qualidade de vida. Com isso, sucede uma mudança estrutural na sociedade. Atualmente, essa prática está em processo de esgotamento, não acontecendo mais como ocorria entre os anos 1940 e 1980, no Brasil.

Em contrapartida, a **migração de retorno** às áreas rurais é crescente. Um exemplo é a tendência contemporânea de retorno às cidades de origem demonstrada por nordestinos que haviam se deslocado para o Sudeste em décadas anteriores na expectativa de melhorar de vida. O crescimento econômico do Nordeste acima da média brasileira nos últimos 20 anos é um dos principais fatores para esse movimento (Ojima; Nascimento, 2015).

A **pendularidade** ou **movimento pendular** corresponde ao deslocamento cotidiano que as pessoas fazem entre o lugar onde moram e o lugar onde estudam ou trabalham. Esse movimento é muito comum em regiões metropolitanas, onde há áreas menos dinâmicas ou periféricas e áreas mais centrais, nas quais estão concentrados as oportunidades de emprego e um conjunto de serviços importantes. Nesse ponto cabe distinguir pendularidade de transumância, pois aquela é um movimento cotidiano, diário, semanal ou quinzenal, no máximo, ao passo que esta se associa à "fuga de cérebros". Na expressão, o cérebro representa metaforicamente a mão de obra qualificada em alusão à emigração de profissionais que saem geralmente de países mais periféricos. Nesses locais, os poucos trabalhadores com mais formação têm muita dificuldade de se inserir em suas áreas de atuação e decidem migrar para o exterior, muitas vezes contratados por empresas internacionais.

Todas as transferências de povos de uma região para outra, independentemente da razão, provocam intensas mudanças sociais, uma vez que os indivíduos são lançados em uma nova ordem social. É comum os migrantes verem-se forçados a adaptar-se e a reeducar-se à linguagem, aos costumes, aos valores e à cultura de um novo ambiente.

Salientamos que, embora encontre muitas vantagens no novo local de moradia, o migrante também pode enfrentar diversos problemas sociais. Na esfera mais íntima, por exemplo, é possível que não encontre familiares ou outras pessoas com que forme um laço mais estreito de relacionamento, pessoas estas que poderiam fornecer um amparo em situações de crise ou de incertezas. Também o risco de marginalização do indivíduo aumenta, bem como a dificuldade de acesso ao bem comum.

1.5 Valores contemporâneos da sociedade

Os valores, um dos componentes da ética, são elementos individuais e imutáveis, ou seja, alguns fatores, como o passar do tempo e o contexto cultural, não os modificam (Scheler, 1973). A honestidade, por exemplo, é um valor que mantém o mesmo sentido desde o ano 300 a.C.

Integridade, solidariedade e outros valores pessoais imutáveis são carregados pelo indivíduo, independentemente do que a sociedade ache que deve ser feito ou não. Um exemplo disso é a seguinte situação: no ano de 1800, era moralmente permitido ter pessoas escravizadas servindo à sociedade; hoje, contudo, você, evidentemente, não concorda com essa prática e entende que a pessoa deve ser tratada com respeito e justiça e que seu trabalho tem de ser remunerado e certos direitos devem ser assegurados a ela.

A palavra *valor* apresenta diversos significados. Segundo Goergen (2005), o estudo da problemática dos valores é muitas vezes denominado *axiologia* – termo derivado do grego *axia*, que significa "valor". Em um trabalho de natureza filosófica sobre valores, é conveniente, antes de tudo, esclarecer o sentido do conceito de valor, apontando também algumas das dificuldades que lhe são inerentes. Assim, explica Goergen (2005, p. 986):

> De início, podemos adiantar que não há um só, mas muitos sentidos para o termo valor como veremos a seguir, assim enunciados por André Lalande (1999) no seu *Vocabulário técnico e crítico da Filosofia*.

a. característica das coisas que consiste em serem elas mais ou menos estimadas ou desejadas por um sujeito ou, mais comumente, por um grupo de sujeitos determinados. Este é um significado subjetivo.
b. Característica das coisas que consiste em merecerem elas maior ou menor estima. Este é um significado objetivo.
c. Característica das coisas que consiste em elas satisfazerem um certo fim. Trata-se do caráter objetivo/hipotético.
d. Característica de coisas que consiste no fato de, em determinado grupo social e em determinado momento, serem trocadas por uma quantidade determinada de uma mercadoria tomada como unidade.
e. Preço que se estima do ponto de vista normativo deva ser pago por um determinado objeto ou serviço (justo valor).
f. A significação não só literal, mas efetiva e implícita que possuem uma palavra ou expressão.

No mundo contemporâneo, a ideia de valores vem sendo associada à proposta de Thomas Hobbes (1588-1679), que afirmava que o valor não é absoluto, dependendo de uma determinação jurídica para ser consolidado. Com essa observação, é possível entender que a complexidade do mundo moderno interfere na designação dos valores de forma rígida. Cada cenário, cada contexto, tem a capacidade de produzir um valor específico, que pode vir a ser confirmado pelo direito.

Goergen (2005) comenta que, para Immanuel Kant (1724-1804), o valor é o "dever ser" de uma norma (portanto, um *a priori*) que pode não ter realização prática, mas que atribui verdade, bondade e beleza às coisas julgáveis. Nesse sentido, os valores não têm realidade ou ser, mas são o dever ser (*sollen*). Assim, a adoção dos valores pelo indivíduo pode variar bastante, uma vez que isso depende do equilíbrio entre fatores como juízo, intuição, adoração, ação autônoma, unificação e devoção.

Os valores de cada indivíduo se relacionam diretamente com sua visão de mundo conforme o espaço e o tempo em que está inserido. Apesar de reafirmar que os valores são imutáveis, eles podem ser relacionais (note que isso é diferente de relativos). Essa afirmação reforça a ideia de liberdade de adoção dos valores pelos indivíduos, e a visão de mundo explica os efeitos coletivos.

> O itinerário do termo 'valor' no mundo moderno deve-se em boa parte à obra de Nietzsche e ao escândalo que provocou sua intenção de inverter os valores tradicionais. Foi em Nietzsche, especialmente em suas obras Jenseits von Gut und Böse (1886) e Zur Genealogie der Moral (1887) que 'valor' se tornou um dos conceitos centrais da filosofia em torno do qual girou, na sua quase totalidade, a discussão moral. É também desde essa época que se estabeleceu a distinção entre um conceito metafísico ou absoluto e um conceito empirista ou subjetivista de valor. Na primeira acepção, valor assume um status metafísico, independentemente de sua relação com o homem. No segundo sentido, valor inclui sua relação com o mundo humano, ou seja, com o homem e sua historicidade. (Goergen, 2005, p. 988)

Um fator imprescindível na formação do ser individual com relação aos valores está no **processo educacional**, uma vez que ele submete a participação coletiva a regras de disciplina, civilização e moralidade. Com isso, o sujeito entende qual é seu lugar e percebe a possível interferência das ações no bem-estar do seu próximo.

A educação adapta-se à vivência do tempo, atualizando-se constantemente, mas institui os mesmos valores de sempre. O mundo contemporâneo certamente é repleto de pontos de moralidade diferentes dos que existiam décadas atrás. A moral se adapta com o passar do tempo, no entanto, pode entrar em falência, uma vez que a sociedade está em constante progresso de modo de vida e de suas relações. Isso, contudo, não ocorre com os valores.

> Como a moralidade é parte da cultura, a sociologia moral é, por definição, uma sociologia cultural. Como a cultura, a moralidade constitui um sistema referencial de ação relativamente autônomo. O que distingue moralidade de cultura é sua relação intrínseca com padrões normativos de avaliação, julgamento e justificação em termos de *entendimentos sobre o que é certo e errado, bom e mau, com valor e sem valor, justo e injusto*. (Smith, 2003, p. 8, tradução nossa)

De acordo com Monteiro (2013), não há uma falência nos valores morais; há uma mudança na forma como estão sendo vivenciadas, inclusive no modo como se operam as relações interpessoais. Justamente pela contemporaneidade desse tema, os valores devem ser objeto permanente de reflexão e trabalho da escola como um todo, visando a uma educação para a autonomia e para a moral, priorizando-se noções como dignidade, solidariedade, respeito mútuo, justiça, de modo que as aprendizagens sejam vivenciadas, exploradas, discutidas e refletidas. Dessa forma, é possível concluir que os valores contemporâneos da sociedade não sofreram alterações no seu sentido e sim no modo como são vividos.

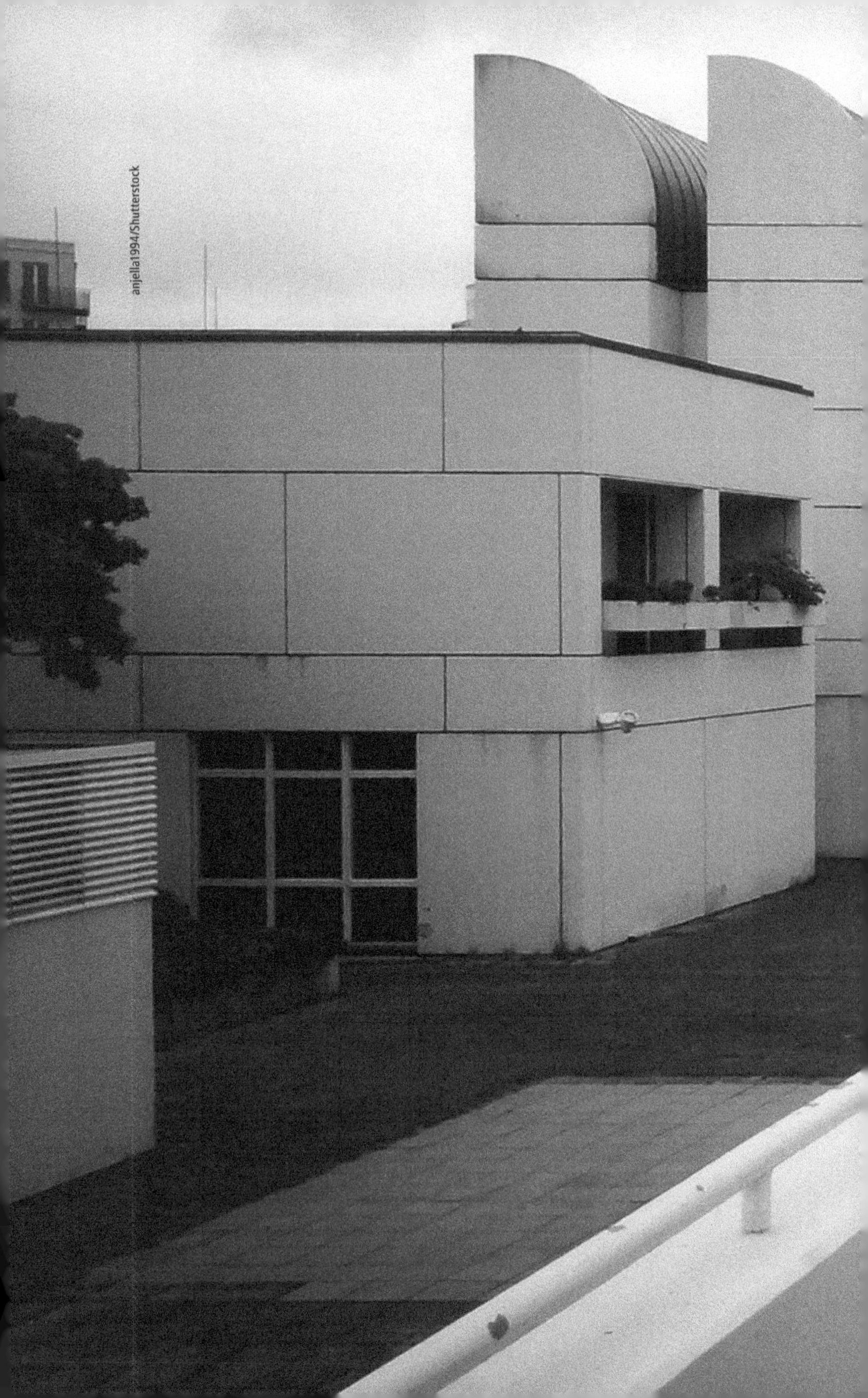

anjella1994/Shutterstock

CAPÍTULO 2

CULTURA: SÍNTESE E ANÁLISE

A temática a que nos dedicamos neste capítulo abrange cultura, suas definições, principais contextos de análise, elementos característicos e globalização como um fator de interferência nos valores e na cultura dos indivíduos para além das barreiras geográficas. O conhecimento sobre esses pontos possibilita a clara compreensão do comportamento e das ações da sociedade.

2.1 O que é cultura?

Neste capítulo, trataremos da cultura como de um aspecto social.

No Capítulo 1, comentamos que a sociedade é composta de indivíduos que se organizam e interagem, promovendo ações e fenômenos. Quando em associação com acontecimentos históricos e do ambiente em que esses sujeitos estão inseridos, tais fenômenos servem de base para pensadores e sociólogos que elaboram diferentes teorias sociais.

Um exemplo são estudiosos que relacionam a cultura com a antropologia, conforme explica Mintz (2010 p. 224):

> Desde 1877, quando Edward Burnett Tylor empregou pela primeira vez o termo "cultura" para referir-se a todos os produtos comportamentais, espirituais e materiais da vida social humana, os sentidos mais antigos e restritos desse termo foram perdendo terreno. Entre esses sentidos mais antigos de cultura, dois, em especial, sobreviveram em formato modificado. Um deles é que em certas sociedades algumas pessoas possuem cultura, e outras não. O outro se refere ao conceito, próximo embora bastante diferente, de que certas sociedades possuem cultura, enquanto outras não. Estas duas ideias diferem qualitativamente; a primeira estabelece diferenças de grau, e a segunda, diferenças de espécie. No primeiro

caso – a sociedade na qual as pessoas que possuem cultura distinguem-se das que não a têm – a linha divisória é estabelecida usualmente entre discurso apropriado e inapropriado, comportamento apropriado e inapropriado, e contrastes similares. Cultura, nessa visão, seria um conjunto formado por nascimento, posição social, educação e criação, que se traduziria em ideias e comportamentos; seria, portanto, também uma questão de privilégios. No segundo caso – sociedades com cultura, e sociedades sem cultura – a cultura em si era vista como o produto de certas peculiaridades da história do grupo.

Além da articulação com a antropologia, nas ciências sociais, Karl Marx (1818-1883), um dos pensadores basilares para a sociologia, conforme citamos no capítulo anterior, elabora a corrente do materialismo. Segundo essa visão, a organização dos indivíduos e a divisão da sociedade em classes sociais acontecem conforme as condições materiais dos indivíduos. De modo simplificado, Marx advoga que as condições materiais determinam o que os homens são e que sua relação com as capacidades produtivas confirma sua classe social.

Nesse sentido, após o período de adaptação da industrialização, algumas mudanças ocorreram nas classes sociais. A esse respeito, Estanque (2016, p. 48) comenta:

> [...] a consolidação da indústria e dos serviços surgia como a antecâmara da sociedade pós-industrial, que em muitos aspectos se afastava da velha sociedade industrial teorizada por Karl Marx. Emergia no mundo ocidental uma nova estrutura social marcada pelo equilíbrio dinâmico e já não pela luta de classes que ocorreu no século XIX. Em vez da bipolarização de classes, as sociedades industriais evidenciaram uma grande variedade de grupos, novas frações de classe, minorias étnicas, associações e estruturas organizadas, sendo que a indústria e o Estado deixaram de ser os principais palcos da luta política. [...]

A classe social tende a designar como vivem e quem são determinados grupos sociais. No entanto, questões como a sobrevivência e a ascensão dos indivíduos na sociedade podem provocar modificações em tal classificação, dependendo do contexto de análise que se observa. A ascensão pode ocorrer de variadas formas, no entanto, uma das mais comuns é por meio do auxílio da força de trabalho e de mecanismos de sociabilidade e comunicação quando os indivíduos interagem com os outros.

Estanque (2016, p. 33) ilustra um contexto que demonstra a **dinâmica social** que leva a essa ascensão:

> Com a crescente fragmentação das classes e a multiplicação das desigualdades e diferenças (étnicas, culturais, raciais, linguísticas, de gênero etc.), o movimento sindical ganhou poder institucional e negocial ao mesmo tempo em que perdeu a capacidade de mobilização junto de um operariado cada vez mais enfraquecido. Os trabalhadores manuais conseguiram mais segurança, mais direitos e mais poder aquisitivo, aproximando-se em muitos países dos padrões de consumo da classe média. [...] Thostein Veblen (no seu célebre livro A Teoria da Classe de Lazer) chamou a atenção para a tentativa de redução das desigualdades que teve lugar por essa época nos Estados Unidos, com vista a evitar acicatar na classe média (em ascensão) um desejo de luxo que a precipitasse para o desejo de imitação da elite.

De acordo com o exposto, além da ascensão por meio do trabalho, um dos recursos do indivíduo para se colocar em classes mais elevadas é interagir com membros de outras classes, uma vez que, conforme demonstrado, os recursos culturais têm o potencial de promover ou declinar os indivíduos nessa organização da sociedade.

Observando-se os processos de mudança econômica pelas quais passaram as sociedades industriais dos séculos XVIII ao XX, é possível identificar as estruturas das classes sociais atuais. Conforme demonstra o autor, os primeiros movimentos da industrialização segregaram a sociedade em, basicamente, duas classes sociais: os detentores dos meios de produção e os detentores da força de trabalho.

Estanque (2016) acrescenta que a consolidação do modelo econômico industrial e o desencadeamento de novas profissões e novas habilidades, séculos depois, dividem e constroem novas classes sociais, as quais se encaixam no meio das duas anteriores, como por exemplo, a classe média.

Nesse sentido, a **divisão das classes sociais** do século XVIII passou por um processo tanto de declínio, no caso dos burgueses que se tornaram parte da classe média, quanto de ascensão, no caso dos operários que se elevaram à classe média. Sobre essa mecânica social, Estanque (2016, p. 135) esclarece:

> As linhas evolutivas e os pontos de viragem, as continuidades e as rupturas, as aproximações e divisões ou as oscilações, entre ascensão e declínio, são, todos eles, ingredientes constitutivos das classes médias e seus dinamismos em diferentes épocas. Os recursos econômicos e culturais (ou educacionais) inscrevem-se nessa permanente tensão que acompanhou a reestruturação das sociedades industriais desde o pós-guerra, promovendo novos actores sociais e levando outros ao declínio, dando protagonismo a categorias emergentes, intelectuais, executivos, técnicos, etc., oscilando entre lógicas de emancipação e de dominação, em que velhos e novos grupos profissionais deram vida às classes médias, embora por vezes através de discursos realizados em nome de outras classes e fundados nos mais diversos idealismos.

Dessa maneira, a classe emergente tende a intervir, de forma ativa e espontânea, no plano cultural, econômico e político, reduzindo em algum grau a distância entre classes sociais graças a uma habilidade de comunicação e costumes mesclados e adaptáveis.

Barbosa (2021) demonstra que a união entre trabalho, comunicação e política dá origem à cultura. Em suma, o ser humano aprende a lidar com seu meio. A sociologia estuda também as diversas culturas, como elas surgem, como se transformam, como se relacionam e como se constituem, quais valores elas comportam e o que motiva suas existências.

Em uma perspectiva social, as manifestações culturais envolvem simbolismos, modificações do meio, relações com outros indivíduos, e transmissão de valores e conhecimentos às gerações seguintes. Esses aspectos coincidem com as ideias defendidas por Durkheim na sua teoria dos fatos sociais.

Bauman (2012, p. 12) discute a relação entre os fatos sociais, de um lado, e a cultura e a natureza, de outro:

> Originalmente, na segunda metade do século XVIII, a ideia de cultura foi cunhada para distinguir as realizações humanas dos fatos "duros" da natureza. "Cultura" significava aquilo que os seres humanos podem fazer; "natureza", aquilo a que devem obedecer. Porém, a tendência geral do pensamento social durante o século XIX, culminando com Émile Durkheim e o conceito de "fatos sociais", foi "naturalizar" a cultura: os fatos culturais podem ser produtos humanos; contudo, uma vez produzidos, passam a confrontar seus antigos autores com toda a inflexível e indomável obstinação da natureza – e os esforços dos pensadores sociais concentrados na tarefa de mostrar que isso é assim e de explicar como e por que são assim. Só na segunda metade do século XX, de modo gradual, porém contínuo, essa tendência começou a se inverter: havia chegado a era da "culturalização" da natureza.

Nesse sentido, é possível compreender a estreita sintonia entre a realidade da visão social com o desenvolvimento gradual e espontâneo da cultura. A consciência do que vem a ser a cultura acompanha os fatos sociais em sua forma mais primitiva e usual, relacionada aos costumes dos seres humanos.

Quando perguntam o que é cultura, o que vem a sua mente? É possível que você imagine a cultura como uma expressão artística tal como pintura, escultura, música, cinema, interpretações teatrais etc., e esse pensamento estará correto, no entanto, existem outras formas de exemplificar a cultura no contexto social. No Quadro 2.1, expomos uma análise taxonômica sobre as ideias que circundam o tema.

Quadro 2.1 – **Cultura: tripé conceitual e taxonomia**

Dimensão	Associação conceitual
Folk ou povo	Aparentada com as ideias de comunidade, classes ou camadas populares, como grupos que usufruem e transmitem o saber arcaico em questão.
Nação	Com seu correlato de identidade, contraposta, mas também associada, à noção de povo. Os intelectuais que dirigiram inicialmente sua atenção para estes saberes populares fizeram-no da perspectiva da nação e suas instituições, em nome de uma sociedade global que, no seio de um projeto de sedimentação e autorrepresentação, tentava esquadrinhar seu interior de modo a identificar alguns possíveis elementos emblemáticos que pudessem ser invocados em estratégias de unidade e integração.
Tradição	Com suas noções correlatas de cultura, costume, conservantismo, passado no presente, transmissão, *longue-durée* etc.

Fonte: Elaborado com base em Segato, 1989, p. 84.

Alguns elementos relativos ao **patrimônio de uma sociedade** também respondem ao significado de cultura. Pontos importantes que indicam efeitos do comportamento humano, como religiões, linguagens particulares, como gírias, dialetos e sotaques, conhecimentos, conceitos, valores, modos de fazer as coisas, entre outros.

O **estilo de vida** também é um aspecto da cultura; por exemplo, os povos de diferentes áreas geográficas têm hábitos, valores e costumes específicos e, portanto, culturas próprias. A cultura ainda pode ser associada ao **nível de estudo**; por exemplo, quando uma pessoa tem conhecimento bastante aprofundado em determinada área é comum dizer que se trata de uma pessoa culta. Em suma, "Cultura é todo complexo que envolve o conhecimento, as crenças a arte, a moral, a lei, os costumes e todos os outros hábitos e capacidades adquiridos pelo homem como membro da sociedade" (Tylor, 1958, p. 25, tradução nossa).

Assim como na acepção que recebe na área da agricultura e no contexto biológico, a cultura tem o objetivo de impulsionar produções transformando a natureza em estados iniciais ou primitivos. Na perspectiva social, a cultura se presta a impulsionar e transformar a natureza humana.

A cultura, por ser uma temática diversificada e possibilitar aplicação em diferentes contextos, divide-se em diferentes tipos, os quais detalharemos a seguir.

2.1.1 Cultura erudita

Esse tipo de cultura pode ser transferido por meio de registros documentados. De acordo com Bizzocchi (1999), o problema do acesso a esses materiais tem uma explicação histórica que decorre do conflito de massas, debatido por Marx; afinal, apenas a elite tinha acesso ao conhecimento e dispunha de recursos para desfrutar e se dedicar a esse tipo de fruição estética e conhecimento.

2.1.2 Cultura popular

Também denominada por Jameson (1994, p. 1) de "cultura de massa – ou cultura da audiência de massa, cultura comercial, cultura 'popular', indústria cultural, como é variadamente conhecida [...]", trata-se de um tipo de cultura que, para ser produzida, não necessita de conhecimento prévio, normalmente carrega características de identidade regional e do seu tempo. Essa cultura é normalmente transmitida mediante a oralidade.

Tem como objetivo disseminar informações sem formalidade e incentivar o consumo massificado. Também é um desdobramento da divisão de classes construída historicamente, uma vez que, em sua origem, serviu como alternativa para o povo, com menor poder econômico, que não tinha acesso à cultura erudita.

A cultura popular é uma contraposição à cultura elitista. Suas formas de manifestação ocorrem por determinação do povo, sendo vivida por meio de festas, folclore, artesanato, música e danças regionais.

No Brasil, há inúmeras formas de cultura, e tal diversidade se justifica pelo fato de ser um país que reúne tradições culturais e religiosas de várias partes do mundo. A linguagem, por exemplo, engloba dialetos de origem latina, europeia, árabe, tupi, entre outras. Além de todas essas influências, o país conta com culturas, valores e costumes formados por seu povo em seu território. A esse respeito, Azevedo (1958, p. 33) afirma que:

> ligando a história da cultura brasileira, de um lado, às ideias que sobre ela influíram e, em geral, à evolução das grandes correntes religiosas, políticas e filosóficas do Ocidente, e, de outro, às condições específicas de nossa formação social, como um país, a raça, e as formas de estrutura social, econômica e política, poder-se-á compreender melhor as evoluções paralelas que se operaram, na Europa e no país, sem grande separação da fonte comum, as formas especiais que a cultura tomou entre nós, a facilidade com que se propagam certas ideias, como resistências opostas pela sociedade a outras manifestações e movimentos da cultura ocidental

Azevedo (1958) defende que estudar a cultura e contemplar isso na educação se justifica por essa ser uma das "pontas" que determinam a evolução social e que dá significado e identidade ao organismo social que está baseado, primordialmente na economia, que seria a outra forte ponta da evolução social. Além disso, o autor demonstra que o progresso da sociedade não ocorre apenas com a evolução de uma dessas pontas, mas com o crescimento mútuo entre elas, de forma a manter a unidade social.

2.2 Manifestações culturais de uma sociedade

A cultura, na perspectiva social, é um tema que pode ser ilustrado por meio de variados exemplos. Em suas diversas formas e contextos, a expressão da cultura envolve as percepções visuais e auditivas, verbalizadas e escritas, interpretadas e produzidas, entre outras. O entendimento sobre uma definição de cultura é um desafio, uma vez que, segundo Prochnow, Leite e Trevizan (2006), configura uma **ciência interpretativa**, que procura um significado que é construído e estabelecido socialmente por meio de uma **essência semiótica**.

De acordo com Ciaramello e Silva (2014, p. 49), "Discutir essa manifestação cultural implica verificar como o deslocamento dos grupos sociais pelo território cria/recria práticas culturais (religiosas, políticas, econômicas etc.)".

A sociedade busca expressar seus costumes, valores e crenças por meio de fenômenos eventuais, como celebrações, rituais, linguagens e construções paisagísticas e arquitetônicas. Os sentidos de festejar, para os grupos sociais são imbuídos de diversos fundamentos, conforme explica Castro (2009, p. 2-3):

> As festas populares se constituem em uma importante manifestação cultural que pode ter sua origem em um evento sagrado, social, econômico ou mesmo político do passado e que constantemente passam por processos de recriações e atualizações; como destaca Paul Claval (1999), a cultura, como herança transmitida, pode ter sua origem em um passado longínquo, porém não se constitui em um sistema fechado, imutável de técnicas e comportamentos. Esta concepção de cultura como sistema aberto permite ao pesquisador compreender o dinamismo de algumas manifestações culturais que preservam alguns elementos importantes que representam a ponte entre o passado e o mito auriático fundante e o presente.

Durkheim (1996, p. 417) reitera a importância das festividades para a sociedade, afirmando que nessas ocasiões "o homem é transportado fora de si, distraído de suas ocupações e preocupações ordinárias".

Castro (2009) ressalta que as manifestações culturais diferenciam suas características ao longo do tempo. No entanto, para a sociedade não são apenas um mecanismo de distração e entretenimento, uma vez que o ato de festejar também tem em si um viés mercadológico, econômico, de conhecimento histórico, além de ser uma prática de ritualização.

Nesse sentido, Assis e Nepomuceno (2008, p. 5) comentam as formas de criação da cultura, como um produto da sociedade:

> cada grupo social cria uma cultura própria à medida que produz as suas condições de subsistência, a partir do que o seu contexto oferece, o que implicaria na produção de um mundo sociocultural específico. Em consequência, os indivíduos teriam sua consciência política e ideológica formada em decorrência da sua condição cultural, social e econômica. Não podemos esquecer que a cultura resulta de circunstâncias históricas específicas. Assim sendo, seria formadora de uma identidade singular, de um sentimento de pertença e de uma consciência de classe. Assim, proporciona o consenso, permite que os valores, os sentimentos, os signos e significados sejam compartilhados.

Reconhecendo a importância da cultura e de suas diversas formas de manifestação para o bem-estar da sociedade, é importante salientar que a Constituição Brasileira dispõe de um artigo que direciona justamente essa questão, o artigo 215. Esse artigo explicita que cabe ao Estado a defesa da cultura, o apoio, a valorização e o acesso à cultura:

> Art. 215. O Estado garantirá a todos o pleno exercício dos direitos culturais e acesso às fontes da cultura nacional, e apoiará e incentivará a valorização e a difusão das manifestações culturais.

§ 1º O Estado protegerá as manifestações das culturas populares, indígenas e afro-brasileiras, e das de outros grupos participantes do processo civilizatório nacional.

§ 2º A lei disporá sobre a fixação de datas comemorativas de alta significação para os diferentes segmentos étnicos nacionais.

§ 3º A lei estabelecerá o Plano Nacional de Cultura, de duração plurianual, visando ao desenvolvimento cultural do País e à integração das ações do poder público que conduzem à:

I – defesa e valorização do patrimônio cultural brasileiro;

II – produção, promoção e difusão de bens culturais;

III – formação de pessoal qualificado para a gestão da cultura em suas múltiplas dimensões;

IV – democratização do acesso aos bens de cultura;

V – valorização da diversidade étnica e regional. (Brasil, 1988)

Na antropologia cultural, manifestações culturais estão vinculadas ao espírito do conhecimento e se revela mediante o patrimônio cultural, que pode ser ilustrado pelos objetos arquitetônicos.

Ao trabalhar a parte artística das manifestações culturais, devem ser valorizadas diferentes realizações, como as festas regionais em sua integralidade, que promovem ação característica de seu povo, seus costumes, valores e história. Dessa forma, constrói-se e preserva o patrimônio cultural da sociedade brasileira.

No Brasil, as manifestações culturais variam muito de uma região para a outra, o que se justifica pela extensão do território do país. Com relação à história da proteção do patrimônio cultural no Brasil, Oliveira (2012, p. 14) comenta:

com o advento da nova Constituição da República Federativa do Brasil, no ano de 1988, a tutela jurídica da cultura no Brasil sofre uma "revolução", em razão de a nova carta constitucional dispor sobre o que há de mais avançado na matéria, conforme inferimos de seus artigos 215 e 216. Esses artigos versam sobre o exercício dos direitos culturais, instituindo deveres do Poder Público com relação à cultura, conceituando o que seria patrimônio cultural perante o Direito Brasileiro e enfatizando que o patrimônio nacional é composto por diversos segmentos integrantes do processo civilizatório nacional (afro-brasileiros, índios, europeus...). Também, preveem "instrumentos de identificação e preservação, desses bens referenciais (patrimoniais e de fazer) " e buscam assegurar "não apenas aos elementos culturais do passado, mas, além destes, também a dinâmica de formação de novos bens e atividades de identificação cultural". Partindo dos fundamentos traçados pelo texto constitucional, vamos encontrar as normas jurídicas destinadas à proteção do patrimônio cultural pelo Direito Brasileiro subdivididas em duas vertentes: as normas de intervenção e as de incentivo.

O patrimônio cultural é construído com práticas e símbolos característicos de determinada sociedade. De acordo com Oliven (2009, p. 80), patrimônio se refere a "algo que herdamos e que, por conseguinte, deve ser protegido". As práticas culturais e os bens patrimoniais carregam consigo a identidade dos grupos diversificados que habitam em seu entorno.

O exposto, evidencia o caráter diverso das manifestações sociais no que concerne a suas particularidades regionais e a como essas manifestações expressam as características de identidade e história de determinados grupos nas diversas localidades.

As formas de expressão de um povo ou de grupos sociais delimitados por fronteiras geográficas e temporais se materializam em diversas manifestações culturais como festas, rituais, canções, danças, poemas e comidas. Essas manifestações beneficiam a sociedade por fortalecerem sua identidade e os laços sociais produzidos.

2.3 Cultura material *versus* cultura imaterial

Ao longo do desenvolvimento humano, as características dos povos e suas tradições tendem a mudar. Isso ocorre naturalmente por influência de novas crenças, costumes e conhecimentos que são adotados pelos grupos sociais (Elias, 1993). Tal fenômeno se manifesta na cultura mediante a arte, a música, os hábitos e demais práticas que veiculam sentimentos e sensações (Tylor, 1871).

Cultura pode ser entendida, por exemplo, como um sistema de padrões de visões e comportamentos, socialmente construídos e transmitidos, compostos por vários elementos interconectados que se modificam historicamente ou por intervenções de diversos fatores. Pode representar crenças, conhecimentos, comportamentos, ideias e práticas concentradas em grupos sociais que os expressem coletivamente (Nunes, 2021).

Portanto, a cultura é construída historicamente e tem caráter dinâmico. Ganha forma graças a um percurso de adaptação e de acúmulo de acontecimentos do cotidiano das sociedades (Kroeber, 1949). Isso acontece quando se chega à ciência de algo pré-existente que não se conhecia, pela descoberta, pela invenção, pela criação humana, ou pela incorporação de conceitos de outras culturas, quando é observado que determinada prática ou expressão cultural pode ser aplicada na sociedade da qual aqueles determinados indivíduos fazem parte (Frost; Hoebel; 1981).

Quando um povo forma uma cultura, soma traços atuais desta com conhecimentos e acontecimentos anteriores. A soma dessas criações tende a ser reiterada com o objetivo de mantê-la viva, transmitindo suas identidades a outros povos como forma de expressão de modo de viver (Eagleton, 2005).

Na sociologia, o estudo da cultura estabelece laços fundamentais na formação das determinadas sociedades. Na antropologia, as estruturas humanas são analisadas considerando-se a cultura de todas as sociedades (Laraia, 2002).

Dessa forma, entender as práticas de determinados lugares, as formas de expressão de um povo e as crenças constitui significativo avanço em direção à melhoria das sociedades em geral e de seus povos.

Na constituição da cultura de um povo, existem duas divisões principais que representam as categorias em que essas expressões discutidas anteriormente se manifestam: a **cultura material** e a **cultura imaterial**. Assim, é possível distinguir entre essas duas maneiras de se expressar culturalmente a partir da lógica e clareza de seus termos.

2.3.1 Cultura material

A cultura material traduz-se em determinados objetos vistos como determinantes na caracterização de determinado povo e de sua cultura. Por meio desta, cria-se um material que promove o estabelecimento de uma identidade comum àquele povo. Nesse sentido, o legado de dada sociedade é ferramenta elementar para sua representação.

Os contextos que geram esses elementos materiais são constituídos conforme o momento histórico, a habilidade manual dos criadores, as crenças de vida e de religião e as formas de expressão de sentimentos, refletidos em produções (Kroeber, 1949). Por isso, quase toda produção humana qualifica-se como cultura material.

De acordo com Cardoso e Vainfas (2012), a definição de *cultura material* baseia-se em fatos históricos da sociedade, sendo formalizada no século XIX como um segmento das realidades físicas que definem a inserção humana no desenvolvimento das atividades. Nesse sentido, os autores pormenorizam a representação da cultura material no contexto histórico:

> a cultura material era, principalmente, toda sorte de matéria processada pelo homem e que lhe podia fornecer informação sobre a evolução cultural e foi esse o espírito que marcou as primeiras definições de artefato na arqueologia ou na antropologia. Do mesmo modo, a ênfase na aplicação da técnica sobre a matéria forneceu as bases para a abordagem evolutiva que fez a narrativa da trajetória das sociedades uma sucessão ascendente de estágios tecnológicos, tendo como exemplo precoce e representativo o modelo das três idades – Pedra, Bronze e Ferro – formulado por volta de 1850. (Cardoso; Vainfas, 2012, p. 134)

Dessa forma, a cultura material abrange, naturalmente, os saberes tangíveis como objetos pertencentes a uma realidade material física e fornece base para o progresso tecnológico.

2.3.2 Cultura imaterial

A cultura imaterial, por sua vez, compreende expressões de vertentes diversas das formações culturais de grupos sociais que não são explicitadas de forma material, explícita e aparente em algo estático (Taylor, 1871). Isso significa que, não existe fisicamente ou não existe constantemente da mesma forma, sendo difundido e consumido de formas distintas ou se extinguindo em um período definido.

Exemplo disso é o acervo cultural de uma sociedade, difundido ou não para outros grupos, que faz parte da expressão de um povo, mas não existe concretamente em meio material tangível, a exemplo da língua falada, das crenças, das festas populares e da gastronomia.

A Organização das Nações Unidas para a Educação, a Ciência e a Cultura (Unesco) apresenta a seguinte definição:

> Entende-se por patrimônio cultural imaterial as práticas, representações, expressões, conhecimentos e técnicas – junto com os instrumentos, objetos, artefatos e lugares culturais que lhe são associados – que as comunidades, os grupos e, em alguns casos, os indivíduos, reconhecem como parte integrante do seu patrimônio cultural. Este patrimônio cultural imaterial, que se transmite de geração em geração, é constantemente recriado pelas comunidades e grupos em função de seu ambiente, de sua interação com a natureza e de sua história, gerando um sentimento de identidade e continuidade e contribuindo assim para promover o respeito à diversidade cultural e a criatividade humana. [...] O patrimônio imaterial, como foi definido no parágrafo 1 acima, se manifesta nos seguintes campos: a) tradições e expressões orais; incluindo o idioma como veículo do patrimônio cultural imaterial;

b) expressões artísticas; c) práticas sociais, ritos e atos festivos; d) conhecimentos e práticas relacionadas à natureza e ao universo; e) técnicas artesanais tradicionais. (Unesco, 2003, p. 5)

Tal definição é, de certa forma, interpretativa. Segundo Alves (2010), isso se justifica pelo caráter de coletividade do patrimônio cultural imaterial. No entanto, o autor comenta que é preciso considerar algumas formas de manifestação, como: expressões artísticas; práticas sociais, rituais e atos festivos; conhecimentos e práticas relacionados à natureza e ao universo; técnicas artesanais tradicionais.

Indo além, pode-se definir o conjunto de elementos culturais materiais e imateriais zelados e perpetuados tradicionalmente e perenemente pelas sociedades como *patrimônio cultural* ou *acervo cultural*, o que é muito estudado por pesquisadores das ciências sociais para entendimento da origem e do futuro da humanidade.

2.4 Ambiente cultural e trocas de informação

Nas sociedades, há uma esfera de trocas de informação e produção de cultura denominada *ambiente cultural*. Nele, ocorre a interação entre os membros do grupo, os quais se interinfluenciam como interlocutores (Fiorillo; Isaguirre, 2010).

O espaço contido pelo meio ambiente cultural (ou, simplesmente, ambiente cultural) engloba:

- bens culturais de cunho histórico ou científico;
- bens artísticos;
- bens paisagísticos;
- bens e esculturas arqueológicas;
- bens espeleológicos;
- bens de cunho típicos do turismo de região específica.

Acrescentam-se a esses todos os outros cujo escopo possa se acoplar à identidade de uma cultura (Fiorillo; Isaguirre, 2010).

Nessa perspectiva, a cultura se forma na história e é influenciada pelo espaço físico natural e pelos elementos sociais de dada região. Sendo assim, além de eventos históricos, fatores como clima ou localização geográfica, de um lado, e relações de poder ou estrutura social, de outro, podem forjar uma cultura, pois tais elementos forjam também o indivíduo e os grupos sociais.

Tomando como exemplo o ambiente cultural brasileiro, é possível perceber com clareza as influências da história do país. Assim, a presença material desse tipo de expressão cultural é rica e traduz as interações entre os grupos étnicos que formaram o povo brasileiro, em escala continental de regionalização e de saberes.

> A cultura brasileira é o resultado daquilo que era próprio das populações tradicionais indígenas e das transformações trazidas pelos diversos grupos colonizadores e escravos africanos. [...] Meio ambiente cultural, enquanto macrobem, é algo incorpóreo, abstrato, composto por bens culturais materiais e imateriais portadores de referência à memória, à ação e à identidade dos diversos grupos formadores da sociedade brasileira. (Brollo, 2006, p. 15)

Logo, entender como se dá a construção de todo esse espaço de interações e presenças sociais dos indivíduos é fator primordial para o desenvolvimento da cultura em qualquer sociedade.

Nesse sentido, o meio ambiente cultural consiste em um em uma espécie de macrossistema, isto é, um sistema com várias subdivisões. Também é abstrato e dinâmico, tendo sua constituição de bens culturais materiais e imateriais que remontam à memória, à ação e à identidade dos distintos grupos formadores da sociedade brasileira (Brollo, 2006).

Com esse entendimento, é possível classificar o meio ambiente cultural em duas subdivisões, conforme expresso no Quadro 2.2.

Quadro 2.2 – **Subdivisões principais do ambiente cultural**

Ambiente cultural concreto ou material	Materializado quando está transfigurado em um objeto classificado como elemento integrante do meio ambiente humano. São exemplos os prédios, as construções, os monumentos arquitetônicos, as estações, os museus e os parques, que albergam em si a qualidade de ponto turístico, artístico, paisagístico, arquitetônico ou histórico.
Ambiente cultural abstrato ou imaterial	Quando este não se apresenta materializado no meio ambiente humano, sendo considerado como a cultura de um povo ou mesmo de determinada comunidade. São alcançados por tal acepção a língua e suas variações regionais, os costumes, os modos como as pessoas se relacionam, as produções acadêmicas, literárias e científicas, as manifestações decorrentes de cada identidade nacional e/ou regional.

Fonte: Elaborado com base em Brollo, 2006.

Nesse sentido, a materialidade e imaterialidade das expressões culturais também refletem a divisão sistêmica do ambiente cultural.

A multiplicidade de atores sociais nos ambientes culturais dá a tônica à grande quantidade de manifestações pelas quais os grupos expressam sua identidade. Isso se dá pela constante interação entre eles.

Essa intensidade nas trocas sociais por meio de interações engendra transformações sociais mediante mobilizações ou influências difundidas pelas redes de informação disponíveis de dada sociedade. Compreende-se, portanto, que algumas das sociedades humanas apresentam maior potencial de desenvolvimento e de difusão cultural (Brollo, 2006).

A esse respeito, Pereira (2009, p. 76) assim discorre:

> Com a evolução da Sociedade da Informação, sobretudo de suas ferramentas tecnológicas, seguiu-se a perspectiva da busca pelo conhecimento através do entendimento da informação e de suas múltiplas facetas. Na ânsia por desenvolver o conhecimento, dando-lhe características de validade, organicidade e necessariamente oportunizando-o [sic] ao acesso para possíveis tomadas de decisões, é que as novas ferramentas tecnológicas se desenvolveram.
>
> O interesse do homem em construir uma "sociedade em rede" remonta ao século XIX, quando Otlet lança a seguinte frase: "Fazer do mundo inteiro uma única cidade e de todos os povos uma única família". Percebia-se, aí, a essência de uma nova sociedade, algo que soava, a princípio, como uma visão futurística e extremamente positiva, no sentido de construção de um novo modelo social, permeado pela informação e conhecimento, ambos princípios motivadores das ações de Paul Otlet, o que o levou a projetar a "Sociedade Intelectual das Nações".

Nitidamente, nos tempos atuais, existe uma "sociedade de informação", e as trocas de informação nessa sociedade contribuem significativamente para a produção cultural, nas quais as tecnologias da comunicação são essenciais para a integração global e a presença do intercâmbio de informações entre indivíduos, corporações e instituições (Brollo, 2006).

Freire (2006, p. 56) assim resume a ideia de melhoria nos processos de troca de informações para o fortalecimento da cultura:

> Trabalhando com informação na perspectiva da cultura, Marteleto entende que cultura e informação "são conceitos fenômenos interligados pela sua própria natureza" (MARTELETO, 1995, p. 90). A cultura funcionaria como uma memória que ao conservar e reproduzir artefatos simbólicos e materiais de geração em geração, torna-se a depositária da informação social. Neste sentido, "torna-se o primeiro momento de construção conceitual da informação, como artefato, ou como processo que alimenta as maneiras próprias do ser, representar e estar em sociedade" (MARTELETO, 1995, p. 91). Dessa forma, a socialização da cultura (linguagem, estética, visão de mundo, valores, costumes) assume papel relevante para a democratização do acesso e uso da informação. Numa leitura antropológica da informação, seu processo de construção como objeto de estudo só se complementa quando se levam em conta, concretamente, as estruturas materiais e simbólicas de um dado universo cultural e as relações práticas e representações dos sujeitos, cada vez mais mediadas por um modo informacional e competente de ser e estar em sociedade. Desse modo, podemos dizer que à medida que a informação adquire relevância para a produção social, cresce a responsabilidade social do campo científico dedicado ao seu estudo, organização e transferência (FREIRE, 2001).

Conclui-se que, para que a cultura seja compreendida, devem se considerar o campo informacional, bem como as especificidades de seus produtores, os povos que a geraram.

2.5 Globalização e cultura

Como é possível reconhecer as particularidades nas formas de cultura de acordo com a identidade de cada região geográfica? Já parou para pensar nisso?

As diferentes formas de viver, os diferentes costumes, idiomas e valores da sociedade são conhecidos por meio do deslocamento dos indivíduos de um estado a outro, ou de um país a outro. Essa movimentação foi intensificada e acelarada com a globalização.

Tal observação faz emergir alguns questionamentos: Será que essa movimentação intensa dos indivíduos para diversos lugares do mundo, as transformações tecnológicas, de comunicação e de comercialização exercem influência na cultura dos diversos locais do mundo? Existe possibilidade de os fatores tecnológicos e fenômenos da globalização tornarem os elementos culturais do mundo inteiro cada vez mais parecidos, ou até iguais?

Para entender a interferência da globalização nesse sentido, convém compreender melhor o que vem a ser a globalização.

> A globalização é um fenômeno que atinge uma infinidade de pessoas no mundo contemporâneo, possivelmente o evento que fez estar sob sua atuação o maior número de pessoas de culturas tão distintas, e seu amplo efeito nos faz perceber que ela se esconde em diferentes momentos da nossa existência. Ela une coisas e pessoas originalmente distantes por elementos materiais e simbólicos e exige uma atitude firme da sociedade e dos governos, por meio de políticas, para saber enfrentar, com consciência da profundidade dos efeitos, as consequências mais viscerais desse momento. Dizemos grande parte, mas não a maioria, pois a globalização ainda não superou algumas barreiras sociais e sua lógica do capitalismo. Todavia, tudo o que

tem o poder de atingir tantas pessoas, em situações sociais e molduras culturais distantes, nos cinco continentes, exerce uma influência na vida humana que merece atenção. (Sá Cesnik; Beltrame, 2005 p.1-2)

De acordo com Almeida e Azevedo (2019), a globalização permite a ampliação das facilidades de comunicação e, consequentemente, a transmissão dos valores culturais. Com isso, as diferentes culturas e os diversos costumes podem interagir sem a necessidade de uma integração territorial. Contudo, a distribuição desse processo não é equânime; por consequência, certas regiões permanecem economicamente dominantes e transmitem com mais intensidade seus elementos culturais.

A transferência de costumes e hábitos e a transformação no modo de viver das pessoas é uma interferência na cultura. Reconhecendo que cada região geográfica desenvolve sua identidade cultural em diferentes dimensões que a globalização e os efeitos tecnológicos podem se agregar (economia, política, sociedade, educação), fica claro que pode ocorrer valores culturais de um lugar a outro.

> Um primeiro aspecto a ser considerado, no atual contexto, em relação à mundialização da cultura diz respeito às inovações tecnológicas. (Ortiz, 1994, Sevcenko, 2001). Entrando no século XXI, as dificuldades técnicas em relação à comunicação, que existiam antes, são cada vez mais irrelevantes e o planeta caminha para uma rede informacional cujas partes se encontram interligadas (Ortiz, 1994, p. 62-63). Com os avanços tecnológicos – especialmente os da telemática e da microeletrônica – os meios de comunicação possibilitam, com extrema rapidez, um deslocamento que pode colocar a todos os que a eles tem acesso, em contato

com o mundo. A convivência contemporânea, possibilitada por esta época, indica uma verdadeira compressão espaço-temporal, em que as qualidades objetivas do espaço e do tempo se transformam, a ponto de nos forçarem a alterar, às vezes radicalmente, o modo como representamos o mundo para nós mesmos. Na realidade, a história do capitalismo tem se caracterizado por uma aceleração do ritmo de vida, e por uma permanente ultrapassagem das barreiras espaciais. No entanto, tais dinâmicas assumiram um ritmo tão célere no contexto da globalização, que "por vezes o mundo parece encolher sobre nós" (Harvey, 1994, p. 219). Os meios de comunicação contemporâneos têm uma intensa participação nesse processo. A TV, por exemplo, associada com a comunicação por satélite possibilita a experiência de uma enorme gama de imagens vindas de espaços distintos quase simultaneamente, encurtando as distâncias dos espaços do mundo. (Mancebo, 2002, p. 291)

Nesse ponto, vale lembrarmos as variações paisagísticas que permeiam entre o natural e o cultural, agregando aos ambientes elementos de todas as sociedades capitalistas, porém incluindo fatores culturais locais ou regionais, que denotam a singularidade dos lugares.

Adorno e Horkheimer (1985) cunharam o termo *indústria cultural* no início do século XX para designar a geração de padrões de comportamento que o comércio e as atividades econômicas desenvolvem ao incentivar o consumo de certos produtos que influenciam os valores e os costumes das pessoas quebrando a barreira geográfica.

> Com essa mercantilização universal de nosso mundo objetivo, os conhecidos relatos sobre a direção-para-o-outro do consumo habitual contemporâneo e a sexualização de nossos objetos e atividades são também dados: o novo carro da moda

é essencialmente uma imagem que outras pessoas devem ter de nós e consumimos menos a coisa em si, mas sua ideia abstrata, aberta a todos os investimentos libidinais engenhosamente reunidos para nós pela propaganda. Parece claro que tal relato sobre a mercantilização tem imediata relevância para a estética, no mínimo porque implica em que tudo na sociedade de consumo assumiu uma dimensão estética. A força da análise de Adorno-Horkheimer sobre a indústria cultural situa-se, entretanto, em sua demonstração da inesperada e imperceptível introdução da estrutura mercantil na própria forma e conteúdo da obra de arte em si mesma. Não obstante, isso é algo como a definitiva quadratura do círculo, o triunfo da instrumentalização sobre essa "finalidade sem um fim" que é a própria arte, a constante conquista e colonização do definitivo reino da não-praticalidade, do puro jogo e anti-uso, pela lógica do mundo dos meios e fins. Mas como pode a mera materialidade de uma sentença poética ser "usada" nesse sentido? E embora fique claro de que modo podemos comprar a ideia de um automóvel, ou fumar pela simples imagem libidinal dos atores, escritores e modelos com cigarros entre os dedos, é muito menos claro como uma narrativa pode ser "consumida" em proveito de sua própria ideia. (Jameson, 1994, p. 4)

A globalização é um fenômeno diverso e irreversível que pode levar as sociedades a variados comportamentos e caminhos, diante dessa perspectiva sociocultural. Os movimentos causados nessa visão levam a um entendimento de uma possível homogeneização cultural em diversos aspectos, mas, principalmente, em relação ao comportamento e ao modo de viver das pessoas.

A celeridade da troca de informações propiciada pelos avanços tecnológicos favorece essas influências e as transformações em linguagens, vestimentas, comportamentos, padrões de consumo, entre outros aspectos. Esses acontecimentos podem levar não somente à padronização de culturas, mas também ao desenvolvimento de novas culturas. Essa análise com os elementos de globalização permite a compreensão sobre a relatividade da cultura quebrando a ideia de que ela está rigidamente limitada a um espaço geográfico, mas adicionando o fato de que a cultura pode adotar interfaces temporais e contextos subjetivos.

LianeM/Shutterstock

CAPÍTULO 3

DESIGN E
SOCIEDADE

A partir deste capítulos, enfocaremos o design, suas definições, principais contextos de análise de suas aplicações no ambiente social, seu papel como instrumento de criação de linguagem. Também comentaremos neste capítulo como o modismo, moda, tendência e macrotendência devem ser vistos pelo designer e como os diferentes tipos de cultura diversificam o trabalho desse profissional. O conhecimento sobre esses pontos possibilita compreender o comportamento da sociedade para a conquistas de bons resultados no trabalho do profissional de design.

3.1 O papel social do design

O termo *design* se popularizou tanto entre os profissionais da área quanto entre pessoas "leigas" no assunto. É comum associar essa palavra a uma interface ou entendê-la como referência à aparência de algo, restringindo-se à camada estética. Para tratarmos melhor o tema, convém abordar a origem, as aplicações práticas e conceituais por meio da elucidação das definições mais básicas e usuais do termo.

De acordo com Löbach (2001), o significado de *design* pode, muitas vezes, causar confusão por se referir a diversos elementos, tais como: plano, projeto, esboço, desenho, croqui, construção, configuração, modelo etc. Sendo assim, deduz-se que o vocábulo *design* pode se referir a uma ideia, projeto ou plano, que promove a solução de algum problema. A tradução literal ao português é "desenho". Desenhar então, nesse contexto, seria uma forma de projetar e designar as formas.

Segundo o "Oxford Dictionary", foi no ano de 1588 que, pela primeira vez, o termo "Design" foi mencionado e descrito como:

- Um plano desenvolvido pelo homem ou um esquema que possa ser realizado. [...]
- O primeiro projeto gráfico de uma obra de arte, ou
- Um objeto das artes aplicadas ou que seja útil para a construção de outras obras.

Mais tarde, Siegfried Giedeon descreveu (primeiro em 1948; mas veja também em 1987) como no século 20 se introduziu o designer industrial. "Ele formada a carcaça, cuidava do desaparecimento dos mecanismos visíveis (da máquina de lavar) e dava a tudo formas aerodinâmicas como de um trem ou automóvel". Esta divisão clara entre trabalho técnico e de configuração no produto tendeu a que nos EUA esta atividade se desenvolvesse cada vez mais para o "styling", ou seja, em direção ao puro formalismo. (Bürdek, 2010, p. 13-15)

Nas primeiras concepções práticas do design, conforme registra Bürdek (2010), a área era predominantemente associada à arte visual ou da estética. Na filosofia, a estética é o estudo do que é belo, e, nesse sentido, o termo *estética* remete à beleza.

Todavia, relacionar o design apenas ao que é bonito pode limitar o seu campo de atuação e, portanto, seus outros papéis e funcionalidades; isso porque não é somente a aparência dos objetos que importa. Isso se justifica pelo fato de o termo design também se referir à ação de projetar algo levando-se em consideração aspectos que agregam diferenciais ou benefícios ao que está sendo projetado.

Azevedo (2017) relata que a confecção de objetos antes do processo de industrialização ficava a cargo dos artesãos, que, apesar de conhecerem técnicas de design próprias para suas produções, não fabricavam peças padronizadas, mas personalizadas. Já durante o período industrial, as técnicas manuais e os recursos industriais se integraram até que o sistema de produção passou a ser mais mecanizado. Com isso, a sociedade estabeleceu padrões de consumo com base no design adotado pela indústria.

Assim, o design passou a ser estudado pela indústria com a finalidade de projetar produtos com maiores benefícios aos consumidores e mais funcionalidades. Após essa adaptação, a concepção de design também foi revista.

Bürdek (2019, p. 19) assinala que o Design Center de Berlim arrolou os aquelas que seriam as condições para se alcançar um design eficiente:

- Bom design não se limita a uma técnica de empacotamento. Ele precisa expressar as particularidades de cada produto por meio de uma configuração própria.
- Ele deve tornar visível a função do produto, seu manejo, para ensejar uma clara leitura do usuário.
- Bom design deve tornar transparente o estado mais atual do desenvolvimento da técnica.
- Ele não deve se ater apenas ao produto em si, mas deve responder questões do meio ambiente, da economia de energia, da reutilização, da duração e da ergonomia.
- O bom design deve fazer da relação do homem e do objeto o ponto de partida da configuração, especialmente nos aspectos da medicina do trabalho e da percepção.

Esse excerto evidencia que o design não se restringe a tornar as coisas belas visualmente; em verdade, ele busca propor soluções e oferecer benefícios que abarcam a dimensão social, a econômica, a ecológica, sempre orientando por certos significados e objetivos.

As atividades do design têm o potencial de impactar a vida de todas as pessoas que podem acessar seus produtos. Bomfim (1997) informa que podem ser considerados "produtos" do design os objetos de uso e os sistemas de comunicação utilizados pelos indivíduos para promover o entendimento sobre uma mensagem com alcance de grupos sociais, no caso dos sistemas de comunicação.

De acordo com Costa (2019, p. 24), "O design nunca é neutro no cenário social". Com essa afirmação, o autor enaltece a responsabilidade do profissional de design perante a sociedade e por seu impacto na vida das pessoas.

Todas as vertentes do design têm a capacidade de contribuir com mudanças no sentido de promover o bem-estar da sociedade. Löbach (2001) assinala que todos os seres vivos têm necessidades, as quais podem ser supridas pela utilização dos objetos, já que seus organismos não dispõem de todas as atividades suficientes que garantam a sobrevivência dos seres com segurança e domínio do ambiente. Dessa forma, a fabricação de objetos satisfaz determinadas necessidades beneficiando a sociedade, envolvendo funcionalidades que elevam o progresso econômico e social, além de favorecer o meio ambiente por suas funcionalidades práticas.

A respeito da importância do design para a sociedade, Löbach (2001, p. 29) comenta:

> Na sociedade industrial altamente desenvolvida o objetivo de quase toda atividade é a elevação do crescimento econômico e do nível de vida. Ai a satisfação de necessidades e aspirações tem um papel substancial, motivando a criação e o aperfeiçoamento de objetos. O processo se inicia com a pesquisa de necessidades e aspirações, a partir das quais se desenvolverão as ideias para sua satisfação, em

forma de produtos industriais (projeto de produtos). É na transformação destas ideias em produtos de uso (desenvolvimento de produtos) que o designer industrial participa ativamente.

Nesse ponto de nossa explanação, vale expor o que vem a ser *papel social*. Costa (2019, p. 29) explica o termo com a seguinte declaração:

> O papel social é um conjunto de direitos e deveres relativos à função social que se espera que um indivíduo exerça em determinada posição social: mãe, padre, médico, etc. Está relacionada a categorias sociais que podem ser determinadas por diferentes recortes: família, linhagem, raça, religião, ocupação profissional, etc. Portanto, uma categoria profissional é uma categoria social, fruto de uma divisão social do trabalho. Na divisão do trabalho, há um papel social a ser desempenhado por cada categoria profissional, relativo ao seu campo de conhecimento e às suas competências específicas. Em teoria, todo profissional consciente de seu papel ao exercer sua função social de maneira ética e de modo eficaz contribui para que a sociedade de que faz parte se desenvolva em harmonia.

Especificamento no campo do design, defendemos que o profissional da área desempenha uma importante atividade na sociedade. A esse respeito, Yamamoto (2014) afirma que o fato de haver um modelo de **design social** implicitamente indica que existe um **design de mercado**, constituindo-se, assim, uma polarização entre os dois modelos. O autor analisa que a literatura estabelece os modelos como duas extremidades que se diferenciam pela atribuição das tarefas. Ele, porém, entende que não existe design social, uma vez que é condição *sine qua non* do design desenvolver um trabalho direcionado para a sociedade.

A expressão *design de mercado* indica algumas práticas que atendem a interesses imediatos do ambiente de consumo; no entanto, Yamamoto (2014) sugere que mesmo nessa prática o design também impacta a sociedade. Sendo assim, para desempenhar com maior nível de excelência seu papel diante da sociedade, o profissional da área deve realizar suas ações com base em alguns valores importantes, como os econômicos, comunitários, educacionais, culturais e sociais.

Além disso, esse profissional tem de atentar para o conteúdo e a mensagem que seu trabalho irá transmitir. Dessa forma, Yamamoto (2014, p. 17) explica que é parte do papel do designer gráfico:

> colaborar com empresas de forma a contribuir com o desenvolvimento econômico local e melhorar a comunicação entre empresa, produto e usuário. Além disso, projetos e pesquisas relacionadas ao design gráfico que lidam com o repertório visual e expressões de cultura local também têm um importante aspecto do papel social do designer gráfico, uma vez que, dentre as atividades do designer, também está a elaboração de identidades através da manifestação visual de elementos da cultura local. [...] As atividades profissionais não têm um papel neutro na sociedade e o design gráfico não é diferente, pois a comunicação visual pode beneficiar ou até ser nociva para a sociedade em diversos aspectos (sociais, econômicos, ambientais). Pode, inclusive, servir para persuasão de políticas públicas. Assim, é essencial buscar uma maior clareza sobre o que é o papel social dos designers gráficos como categoria profissional para que as atividades sobre o cotidiano das pessoas contribuam para uma melhoria do conjunto social.

Dessa forma, é possível concluir que não existe design que não seja social. Todas as profissões existem para servir à sociedade de alguma forma, e com o design não seria diferente. Para que o profissional dessa área obtenha sucesso, é imprescindível que a dimensão social e seus valores sejam cada vez mais a razão das práticas de design.

3.2 Design como agente de criação de linguagem e cultura contemporânea

A comunicação está presente na vida dos seres, e a vida em sociedade requer do ser humano a habilidade da comunicação. Desde os mais remotos tempos, o homem desenvolve seus sinais para se comunicar com os indivíduos próximos, a habilidade da comunicação era uma questão de sobrevivência no princípio e continua sendo até os dias atuais.

Löbach (2001) menciona a necessidade do homem de viver em sociedade e cooperar com as espécies semelhantes no processo de interação direta ou indireta com os demais homens. As relações humanas, de acordo com esse autor, podem se desenvolver de duas formas, sendo por meio direto, ou seja, mediante a palavra, a mímica, o gesto etc.; ou de forma indireta, ou objetualizada, mediada por objetos.

Na relação indireta, a comunicação é estabelecida por meio dos objetos, e o design participa como elemento principal promovendo o aprendizado de signos e do simbologismo denotativo, segundo Löbach (2001). Além disso, o design utiliza o processo de decodificação e codificação da linguagem para viabilizar a criação e a identificação de cultura.

Na subseção a seguir, detalharemos a relação entre o design e a criação de linguagem, além de sua importância para a vivência do homem em sociedade. Em seguida, relacionaremos o design à formação da cultura contemporânea. A compreensão sobre essas relações possibilita ao designer o discernimento sobre como desenvolver atividades que impactem a sociedade de forma mais benéfica e consciente.

3.2.1 O design e a criação de linguagem

Existem muitas formas de comunicação, tais como: gestos, olhares, símbolos, emissão de sons, sinais etc. O desenvolvimento de sinais ajuda a dar forma à linguagem, que é uma das mais destacadas formas de comunicação. Castro (2002) afirma que a faculdade de simbolizar, ou de conceber mecanismos de linguagem, é uma prerrogativa dos homens e faceta da forma mais elevada da faculdade humana. É pela linguagem que o homem torna comum sua visão de mundo, perpetua seu conhecimento e evolui.

Nesse sentido, Maturana (2009, p. 38, grifo do original) faz a seguinte reflexão:

> Além disso, se nos propomos a perguntar pelo nosso conhecer, fica claro que estamos imersos num viver que nos ocorre na linguagem, na experiência de sermos observadores na linguagem. E insisto neste último ponto, porque **se não estamos na linguagem não há reflexão**, não há discurso, não dizemos nada, simplesmente somos sem sê-lo, até refletirmos sobre o ser. Há coisas que fazemos fora da linguagem? Claro! A digestão, por exemplo. Comemos e a digestão se faz. Acontece que há digestão e que não temos que pensar para que a digestão se dê. Quando pensamos e refletimos sobre ela acontecem outras coisas conosco que são distintas da digestão – pode até acontecer de termos indigestão – porque, de fato, a digestão surge ao ser distinguida por nós. Se não trazemos conosco a digestão, ao distingui-la na linguagem, não há digestão. O fato de nos encontrarmos na linguagem é também algo que simplesmente ocorre conosco. Quando refletimos sobre a linguagem, já estamos nela.

Castro (2002) cita quatro funções básicas da linguagem. Sintetizamos essas funções no Quadro 3.1, a seguir.

Quadro 3.1 – **Funções básicas da linguagem**

Funções	Descrição
1. De instrumento do pensar	Há dois tipos de imagens que compõem o pensamento verbal: as imagens-representações, que existem desde o começo da representação (ou do pensamento) como algo inerente; e as imagens-pensamento, que surgem depois de separados conscientemente, com a ajuda da linguagem, e são os caracteres essenciais do objeto dado.
2. De instrumento para regular os próprios atos	Essa é a principal função da linguagem interior, que leva o homem a regular seus atos e a regular as ações alheias, isto é, exercer a função comunicativa da linguagem. O bebê, antes de se diferenciar do mundo e ter consciência de si como pessoa, já obedece às frases que lhe dirigem – essa é a função de comunicação, que modifica o comportamento e a atividade por meio de uma informação verbal.
3. De instrumento do conhecimento	Com ela, o homem pode obter novos conhecimentos com base naqueles de que já dispõe. O conhecimento pessoal do homem só se converte em conhecimento social quando é expresso verbalmente.
4. De instrumento de assimilação da experiência histórico-social	Aqui, observa-se que não é a linguagem que determina a "decupagem" do mundo, mas a prática social do povo. O recorte do mundo apenas, mas não obrigatoriamente, reflete-se na linguagem.

Fonte: Elaborado com base em Castro, 2002.

As informações descritas no Quadro 3.1 reafirmam a teoria de que a linguagem é necessária para a sobrevivência e a evolução do homem; afinal, ela auxilia na produção de pensamentos e serve como instrumento para a construção da realidade, a produção de conhecimento, a assimilação histórica, a concepção de relacionamentos e a compreensão da cultura e da ação.

O debate sobre a linguagem integra-se ao o contexto de sociedade, pois esse é o espaço em que ocorre a interação entre os indivíduos. Nessa perspectiva, Castro (2002) salienta que, ao dominar as vias de linguagem, o homem conquista mais poder. A linguagem varia de acordo com o contexto sociocultural e é condicionada à percepção social. Valendo-se desse cenário, os indivíduos são capazes de entender o significado dos símbolos, formando uma linguagem de cultura social.

Os símbolos que constroem as linguagens são também os símbolos utilizados pelo design. Logo, o design configura-se como um instrumento para a construção da linguagem. Sobre isso, Braida (2009, p. 2169) enuncia:

> Ao pensarmos no Design como forma simbólica, aproximamo-nos de sua conceituação a partir de um ponto de vista histórico. Somos levados a situá-lo no contexto do desenvolvimento da cultura humana. De acordo com Bomfim (2005, p. 6), "há diversas definições de design e uma análise comparativa entre elas permite concluir que esta atividade objetiva a configuração de objetos de uso e sistemas de informação". No entanto, cabe ressaltarmos que a configuração de objetos de uso e sistemas de informação não é "natural". Bomfim (2005, p. 2) nos lembra de que "ao longo da história a configuração de artefatos teve três fases características, definidas de acordo com os princípios teóricos que fundamentam a práxis e os meios utilizados para a produção de objetos": (1) momento da maestria dos artesãos; (2) desenvolvimento das manufaturas; e (3) industrialização. Sob essa ótica, o Design não seria uma atividade inata ao ser humano, mas uma construção, bem como Argan evidenciou ser o projeto. [...] E, nesse sentido, também poderíamos dizer

que o Design não existiu desde sempre, representa uma visão de mundo muito particular e tem participado da construção do mundo desde a Revolução Industrial.

Portanto, se está intrinsecamente ligado aos fenômenos de progresso sociológico, evoluindo com esse contexto, o design é uma construção da humanidade, já que não existiu desde sempre e acompanha a construção histórica do mundo.

Segundo Nojima (2008, p. 10), "a concepção do design como linguagem não é aquela que o pensa como simples suporte para a transmissão de informações, mas a que o admite, conforme a perspectiva pragmática, como forma de ação". Partindo da ideia de que o profissional da área projeta objetos de uso e sistemas de comunicação, que consistem na organização de signos e símbolos, é possível concluir que o design é uma linguagem.

3.2.2 O design e a cultura contemporânea

Os avanços tecnológicos e digitais da atualidade são indissociáveis do cotidiano na sociedade. A tecnologia e seus desdobramentos passaram a interferir: aumentando o nível de comunicação ao quebrar barreiras de espaço; proporcionando mais possibilidades de produção do conhecimento; dinamizando o acesso a produtos artísticos e recursos culturais; entre diversos outros fatores.

Essas modificações tecnológicas e digitais alteraram também o modo como a cultura popular e a erudita passaram a ser manifestadas, contextualizadas e consumidas. Essas formas de manifestação de cultura podem ser vistas ora de forma mais rápida, fácil e sem profundidade, ora de forma mais abrangente, acessível e menos custosa.

No atinente a esses impactos, França (2001, p. 4, grifo do original) comenta:

> No Brasil, tais articulações estão envoltas num conjunto de ideologias propagadas, vinculadas ao histórico de nossa construção social, avalizadas pelas propostas governamentais. [...]
>
> Percebe-se, daí, a descontinuidade entre erudito e popular, remetendo ao distanciamento provocado entre forma e conteúdo (como exaltam os teóricos da comunicação), meio e mensagem (como denominou McLuhan), significado e significante (no linguajar dos linguistas e semioticistas), retomando uma lógica aristotélica do pensar, dicotômica e excludente, que insiste em valer-se da partícula **ou** em detrimento do **e**. "Instaura-se, então, o aprisionamento da mente em duplos vínculos, oposicionalmente binários, que obrigam sempre à escolha entre o 1 e o 2, pai ou filho, alto ou baixo, erudito ou popular, etc., que são formas diversas em que a identidade ou não identidade se manifestam. [...]
>
> A cultura popular acaba, assim, por ser incorporada pelos meios de comunicação, recortada e inserida nos novos meios tecnológicos, dicotomizada, hierarquizada e polarizada, sendo utilizada como uma das formas de reforçar a hegemonia dominante, deixando seu contexto e suas bases para se transformar, antes, numa alegoria de consumo.

Entre as mudanças promovidas no contexto cultural, França (2001) destaca o caráter destrutivo de muitas manifestações. Essa mudança não é algo inevitável, visto que a cultura é mutável por ser baseada em hábitos, costumes, valores, entre outros elementos que se modificam com o curso natural da evolução social.

A manifestação cultural passa a ser feita por intermédio de aparelhos tecnológicos com interfaces estéticas e técnicas de design que visam garantir a funcionalidade de comunicação. Incluem-se aí a facilidade de assimilação por parte do usuário e o estudo de fatores que fazem essa transferência com maior velocidade e acessibilidade.

Os objetos e seus significados materializam o mundo culturalmente constituído. Eles representam, sintetizam e dão, portanto, suporte a determinada cultura e a todos os valores e princípios a ela associados. Essas afirmações são assim explicadas e complementadas por Malaguti (2008, p. 7):

> Estudando durante muitos anos o problema do desenvolvimento no então chamado "Terceiro Mundo", [Manfred Max-Neef] não compartilhava da visão de que os seres humanos são dirigidos por uma busca ilimitada de bens materiais. O modelo por ele proposto é focado na satisfação de necessidades humanas fundamentais, na geração de níveis crescentes de autoconfiança, na construção de relações orgânicas de pessoas com a natureza e a tecnologia, de processos globais com atividades locais, do pessoal com o social, do planejamento com autonomia e da sociedade civil com o estado. Segundo ele, as necessidades humanas fundamentais são limitadas, constantes, e funcionam como um sistema, não hierarquicamente, como propunha Maslow. O que muda são as formas de satisfazê-las numa determinada cultura.

Com base no exposto, evidenciamos que a vivência da cultura contemporânea aponta como a avaliação e os processos de design podem se apoiar para o estabelecimento de conexões entre os fatores culturais e suas manifestações e as necessidades humanas. Assim, a área pode auxiliar a humanidade a progredir com o significado e a agilidade que os tempos atuais demandam da comunicação e das pessoas.

3.3 Como o design se relaciona com a cultura de massa, a cultura de redes e a cultura de tribos

De acordo com Kotler e Armstrong (2008, p. 190) o produto deve ser feito com foco nas necessidades e desejos do consumidor, como "qualquer coisa que possa ser oferecida a um mercado para atenção, aquisição, uso ou consumo, e que possa satisfazer a um desejo ou necessidade. Os produtos vão além de bens tangíveis. De forma mais ampla, os produtos incluem objetos físicos, serviços, pessoas, locais, organizações, ideias ou combinações desses elementos".

Já afirmamos que o design tem uma relação com a sociedade e também é utilizado para fins de comercialização e fechamento de negócios. Tendo estabelecido esse reconhecimento, é imperioso conhecer as relações que ele mantém com os diferentes tipos de culturas, identificando-se quais são essas culturas e de que forma ele pode atuar em cada uma delas de maneira mais eficiente a fim de atingir seus objetivos.

3.3.1 O design e a cultura de massa

A característica mais marcante e imediata da cultura de massa, de acordo com Löbach (2001, p. 39), é que "os produtos industriais são objetos destinados a cobrir determinadas necessidades e são produzidos de forma idêntica para um grande número de pessoas". Caldas (2000, p. 9) alerta que a cultura de massa envolve dois aspectos principais: "1) todos os bens culturais e as produções espirituais de formação de indivíduos passam a ser exclusivamente determinadas pelas leis do mercado. Seu destino primeiro e último é o mercado consumidor. 2) a transmissão dessa cultura deve ser imediatamente inteligível a todos".

Esse tipo de cultura abrange os produtos industriais, que são desenvolvidos para serem produzidos em larga escala e direcionados ao público consumidor por meio dos mecanismos de comunicação em massa. Estes, segundo Löbach (2001, p. 41), "acabam influenciando a conduta dos homens que vivem dentro desse ambiente". Os produtos industriais obedecem a uma classificação que determina o nível de intensidade e interação entre usuário e produto. Essa classificação está demonstrada no Quadro 3.2, a seguir.

Quadro 3.2 – **Categorias de produtos industriais para consumo em massa**

Produtos	Tipo de uso	Exemplo
De consumo	Uso pontual (o produto deixa de existir após seu uso)	Produtos alimentícios. A estética é aplicada à embalagem para atrair a atenção do consumidor. Em muitos casos, a embalagem tem também a função de conservar o produto e facilitar seu uso.
De uso 1	Uso individual	Esses produtos só podem ser utilizados por uma única pessoa, como óculos de grau, cachimbos, roupas íntimas, entre outros.
De uso 2	Uso de determinados grupos	Esses produtos são compartilhados por pequenos grupos, normalmente membros de uma família em uma mesma casa. Alguns exemplos são: Televisão, máquina de lavar, utensílios de cozinha.
De uso 3	Uso indireto	Esses produtos são ocultos, ou seja, não são diretamente utilizados pelos consumidores. O motor de um carro é um exemplo de produto de uso indireto.

Fonte: Elaborado com base em Löbach, 2001.

Esse tipo de cultura tem por característica o potencial de impactar uma grande parcela da sociedade, promovendo a homogeneização dos indivíduos da sociedade. Isso porque os canais de comunicação, ao promoverem educação e influência de comportamento, reproduzem informações com modelos generalizados de cultura. Esse recurso de comunicação é muito utilizado para impulsionar o consumo.

Sobre os aspectos relacionados à comunicação da cultura de massa, Rocha (2005, p. 137) faz a seguinte reflexão:

> uma das funções essenciais da cultura de massa – com evidente ênfase na publicidade – na sociedade moderna, industrial e capitalista é ser a instância que viabiliza este código ao comunicá-lo à sociedade. A mídia realiza a dimensão publica deste código, fazendo com que nos socializemos para consumo de forma semelhante. É, sobretudo, com a publicidade – que reproduz em seu plano interno (no mundo dentro do anúncio) a vida social – que são definidos publicamente produtos e serviços como necessidade, são explicados como modos de uso, confeccionados os desejos como classificações sociais. A cultura de massa – mídia, marketing, publicidade – interpreta a produção, socializa para o consumo e nos oferece um sistema classificatório que permite ligar um produto a outro e todos juntos às nossas experiências de vida.
>
> Este é precisamente o objetivo que subjaz ao edifício de representações da vida social reproduzido dentro da mídia em geral e dos anúncios em especial: classificar a produção criando um processo permanente de socialização para o consumo.

Nessa perspectiva, esses produtos da comunicação e da cultura são então levados à sociedade de modo generalista, com o objetivo principal de atingir o maior número de pessoas, provocando, assim, a movimentação da economia por meio do forte consumo que essa forma de cultura e comunicação promove no meio social mediante o design, além de outros elementos.

Nesse sentido, Landin (2010) explica que o consumo impulsionado pela comunicação de massa ocorre de forma intencional por parte dos fabricantes dos produtos, que utilizam do sistema de linguagem, comunicação e informação para alertar os consumidores sobre uma ideia de desejos e necessidades serem atendidas plenamente, através de certos bens de consumo. Essa prática de influência de compra reafirma o que Caldas (2000) indica ser uma cultura *do* mercado *e para o* mercado.

Para exemplificar essa dinâmica, Landim (2010, p. 38) disserta que:

> O crescimento da propaganda moderna e da moderna revista de comunicação de massa, destinada em primeira instância para as mulheres, serviu para criar novos níveis de desejo e acelerou o crescimento da cultura de consumo, a qual estava impregnada da ideia de modernidade. O significado de "valor agregado" representou um primeiro estágio no processo que se concluiu nos anos entre guerras como design industrial, em que a manufatura finalmente percebeu que o impacto visual dos bens de consumo tornava-os competitivos de uma forma que os anúncios, as embalagens e as vitrines das lojas não conseguiam. Resumindo, nos primeiros anos do século XX, o mundo comercial estava preocupado em estimular e retribuir o desejo do consumidor desenvolvendo estratégias de marketing associadas a uma nova tecnologia orientada para um conceito de modernidade, traduzindo assim o fenômeno de novos consumidores usando cultura material como forma de definir e comunicar suas identidades e aspirações por meio da disponibilidade de mais e mais bens de consumo, imagens e serviços no mercado.

O papel do design no contexto da cultura de massa está correlacionado a seu papel diante da promoção de consumo. O consumo é baseado no comportamento do consumidor, e o profissional de design precisa entendê-lo para carregar a comunicação ou o produto de valores socioculturais que envolvem a relação entre produto e consumo.

3.3.2 O design e a cultura de redes

O termo *rede* deriva da palavra latina *retis*, que se refere a um conjunto de fios entrelaçados. Na analogia com a sociedade, os fios correspondem aos indivíduos, e os entrelaçamentos entre eles representam as relações sociais que constituem os grupos de acordo com seus laços. A análise das redes permite a compreensão das ações dos indivíduos em sociedade, ou seja, a ação social.

A sociedade organizada no mundo natural constitui o que se convencionou chamar *rede*. Nesse caso, as diferentes relações e interações compõem o todo organizando, articulando todos os níveis e situações de uma sociedade, preservando a autonomia e a interdependência dos indivíduos e seus grupos.

A esse respeito, Guerra et al. (2007, p. 79-80) comentam:

> Não existe necessidade de concentração de poder ou sua hierarquização, porque a ocorrência sistemática e permanente de processos de autorregulação no interior da rede garante que diferentes atores criem soluções emergentes para garantir a sobrevivência, a expansão ou a ampliação do conjunto [...]. Assim, uma rede pode contribuir para a expansão de relações entre seus membros através das informações

veiculadas, das trocas interpessoais em diversos níveis e dos processos de mobilização [...]. Transpondo essas condições básicas e adequando-as à organização das redes sociais, estas se fundamentam em princípios como padrão organizacional horizontal, sem hierarquias, conectividade, a não-linearidade da rede, descentralização do poder, dinamismo organizacional.

As redes proporcionam **formas de organização social** quando há compartilhamento cultural e afinidades de ideias. No contexto contemporâneo, além da formação das redes de forma tradicional, como expõem os autores, os elementos tecnológicos e digitais estimularam a formação das redes sociais. Estas consistem na interconexão de indivíduos segundo suas afinidades, rompendo barreiras de espaço e utilizando canais digitais.

Atualmente, as **redes sociais** são um espaço na internet que fazem parte da vida da maioria das pessoas. Esses espaços digitais são diversificados e sofrem modificações em curtos períodos, levando seus usuários a se adaptarem constantemente. De acordo com Santos (2013, p. 151), "Esses usuários, por sua vez, representam o agente principal, que é responsável pela interação, criação e movimentação de conteúdos nas redes".

O design, nesse contexto, é a ferramenta principal para garantir o sucesso da interação entre os usuários. O usuário é o objeto central de consideração na hora de estabelecer qualquer ação no ambiente da rede social. Segundo Arnold (2010, citado por Santos, 2013, p. 154), a preocupação do design é "projetar produtos interativos que sejam de fácil aprendizagem, eficazes no uso e capazes de proporcionar ao usuário uma experiência gratificante".

Para garantir o sucesso das ações de interação que o design visa produzir são necessárias cinco atividades básicas no processo, que devem ser repetidas constantemente e integradas de forma complementar. As atividades básicas no design de rede, segundo Preece, Rogers e Sharp (2005), são:

- identificar necessidades;
- propor soluções para o problema;
- desenvolver designs alternativos ao preexistente e que preencham as necessidades do item anterior;
- construir protótipos interativos dos designs propostos, para análise; e
- avaliar o que está sendo construído durante o seu desenvolvimento.

A conjuntura das redes sociais e da comunicação comercial que ocorre nela, bem como o perfil e comportamento dos usuários devem ser absorvidos e compreendidos pelo profissional da área do design. Assim deve ser para que seus produtos acompanhem as mudanças e aspirações do mercado e da sociedade, de modo a atender eficientemente as necessidades das pessoas que estão nas redes.

3.3.3 O design e a cultura de tribos

O termo *tribo* indica agrupamentos de pessoas reunidas por uma afinidade relativa a seus costumes, linguagens e tradições. No contexto do design, os signos e símbolos incorporados aos produtos e sistemas de comunicação carregam identidades que convergem para um público.

Sobre a capacidade da cultura de delimitar diferentes públicos por meio da identificação, Silva, Galhardo e Torres (2011, p. 304) explicam que:

> Toda a cultura tem os seus rituais e são estas práticas que inserem os indivíduos numa determinada religião, comunidade, sociedade ou, em termos mais específicos, num determinado código simbólico. Na sociedade contemporânea, podem considerar-se rituais os comportamentos e ações que estruturam uma dinâmica social comum e que comunicam o sistema de significação em que os indivíduos se inserem. Pertencem ao domínio da comunicação, porque comportam a manipulação de signos e a construção de significados.

O elemento definidor de uma tribo é o sentimento de pertencimento marcado por uma diferenciação específica de si. As pessoas tendem a se unir a outras que compartilham certas crenças, gostos ou costumes, gerando uma sociabilidade suscitada por uma identificação. Para Maffesoli (1998), "A metáfora da tribo, por sua vez permite dar conta do processo de desendividualização, da saturação da função que lhe é inerente, e da valorização do papel que cada pessoa (persona) é chamada a representar dentro dela".

Assim sendo, o profissional de design precisa se munir de informações e estudos sobre as particularidades de um grupo específico, de modo a atender com eficiência às necessidades desses indivíduos. O design, nesse contexto, contempla abordagens particulares a um grupo menor que o da cultura de massa, com direcionamento específico para um agrupamento social com fragmentos de cultura diferenciados.

3.4 Modismo, moda, tendências e macrotendências

Os termos *moda* e *modismo* associam-se à ideia de temporalidade, alta demanda e comportamento.

No ambiente mercadológico, certos modelos de produtos podem dominar vários espaços e se tornar negócios rentáveis e "revolucionários" com alta demanda, porém com ampla concorrência. Como exemplo, podemos citar a comercialização de açaí, hambúrgueres artesanais, cervejas artesanais, barbearias, entre outros. Nesse caso, a popularização de tais negócios revela um modismo.

A seguir diferenciamos modismo, moda, tendência e macrotendência, bem como apresentamos suas definições e fornecemos exemplos de aplicação na prática.

3.4.1 Modismo

O modismo refere-se a produtos que despertam intenso desejo no público em curtos ciclos de vida. Ele pode proporcionar alto lucro inicial, mas essa demanda pode não durar muito. Um exemplo bem conhecido de modismo é o jogo Pokemon Go, que gerou muita curiosidade inicial por fazer parte da tendência de realidade aumentada, mas teve queda rápida sem conseguir se reerguer novamente.

No que concerne ao tema, Rech (2012, p. 190, tradução nossa) exemplifica e comenta o que é modismo:

> Já os produtos com ciclo de vida curto podem ser caracterizados como produtos de Modismo. É o produto que "entra rapidamente, é adotado com grande entusiasmo, atinge seu auge em pouco tempo e declina também em pouco tempo. O modismo

dura muito pouco e tende a atrair um número limitado de seguidores" (KOTLER, 2008, p. 225). Normalmente, os modismos são ditados por personalidades famosas, atores, modelos, músicos, enfim, ícones do showbusiness, que fazem aparições públicas exibindo roupas ou acessórios diferenciados dos que existem no mercado, e o público consumidor, rapidamente, procura tais adereços como forma de identificação com o seu ídolo. No Brasil, os modismos são geralmente determinados pelos personagens das telenovelas. "É informação instantânea. A tevê não é só registro. É uma grande lançadora de modas, ondas e febres.

Em suma, os produtos que se popularizam e que entram em declínio de forma acelerada caracterizam o modismo. Seu apelo é forte em determinado momento, mas perde relevância com muita rapidez. Nesse caso, é importante que o designer esteja atento a uma possível "febre" de consumo para que aproveite o momento aquecido do mercado e impulsione a produtividade de forma eficiente, ou seja, deve atentar para o ciclo de vida curto do produto, de forma que atenda a necessidade momentânea, mas que não gere muita mercadoria em desprezo.

3.4.2 Moda

A moda se refere a produtos que têm um ciclo de vida um pouco mais longo que os produtos do modismo, mas também sofrer com um declínio. Além do quesito de tempo de permanência, a moda se diferencia do modismo por ser menos intensa, porém, com maior constância. Um exemplo de moda são as redes sociais; por exemplo, o Facebook experimentou seu momento de ascensão e, anos depois, iniciou seu declínio.

Sobre a moda, Rech (2012, p. 189-190, tradução nossa) afirma:

> De acordo com Kotler (2008, p. 225), existem três ciclos de vida especiais e que são perfeitos para o ciclo de vida do produto moda: Estilo, Moda e Modismo. Os produtos de ciclos longos, denominados produtos de Estilo, permanecem durante gerações, estando dentro e fora de moda, com vários períodos sucessivos de interesse, "um modo básico e distinto de expressão". Pode-se citar como exemplo produtos de moda com estilo clássico ou com estilo oriental. Vincent-Ricard (1989) conceitua produtos com ciclo de vida longo como produtos básicos. As tendências de moda estabelecem quais serão os elementos (cores, tecidos, tipos de roupas, acessórios) mais importantes e expressivos para outono/inverno ou primavera/verão. "Por exemplo, as roupas 'certinhas' da década de 1970 foram substituídas pelas roupas soltas e largas da década seguinte, que por sua vez deram lugar às roupas menos conservadoras e mais bem-cortadas dos anos 90".

Tendo em vista a importância da moda na vida dos consumidores, uma vez que o designer assume o propósito de satisfazer as necessidades e desejos das pessoas por meio de produtos, é importante que esse profissional volte sua atenção para os movimentos da moda. Assim, pode aproveitar o ciclo de vida do produto, que nesse caso é um pouco mais longo que o do modismo, para desenvolver os produtos de forma eficiente na temporada adequada.

3.4.3 Tendência

A tendência é algo que influencia o comportamento ou o padrão de vida de uma pessoa ou de uma sociedade. O ciclo de vida da tendência é mais longo que o da moda e indica como o comportamento em determinado ponto ocorrerá no futuro. Gomes (2017) descreve que a tendência representa uma mudança de comportamento cultural ou uma mudança de mentalidade que se revela em pequenas sementes e manifestações de criatividade e inovação nos cenários socioculturais, sendo uma forma de gestão cultural. Um exemplo de tendência é o Instagram, que é um aplicativo precursor da macrotendência das redes sociais.

De acordo com Campos e Wolf (2018, p. 19), a tendência é:

> A inclinação predisposta para algo, alguém ou alguma situação que provavelmente acontecerá no futuro próximo. Tendo uma força atrativa final, a ideia geral de uma tendência é algo que tende a atingir essa alteridade e, portanto, tendência apresenta uma sensação de [a] finitude; ou seja, uma situação que será alcançada; e [b] futurologia; isto é, sugerindo que a situação acontecerá no futuro. A relação de tendência com o conceito de propensão também envolve a consideração da incerteza: embora a situação seja susceptível de acontecer, ela ainda não aconteceu, e não há garantia de que seu curso não mudará.

Essa passagem aponta que a tendência pode não se confirmar ou encontrar sua fase de declínio; no entanto, essa fase demora muito mais a chegar do que no caso da moda. Sendo assim, o campo a ser explorado pelo designer abarca mais possibilidades, no que diz respeito tanto à abrangência de mercado quanto ao tempo em que as atividades podem ser utilizáveis.

3.4.4 Macrotendência

As macrotendências correspondem a movimentos com alto alcance, capazes de alterar o modo de viver da sociedade. Esses movimentos podem modificar a cultura, o consumo, os hábitos e os costumes por um período muito longo. Essas manifestações ocorrem em diversas áreas sociais, como a música, a literatura, a moda, os negócios e a política. Exemplos de macrotendências são as opções tecnológicas, como os *e-commerces*; se antes só era possível realizar compras presencialmente nas lojas físicas, agora a tendência é que todas as compras possam ser feitas pela internet sem necessidade de deslocamento.

O profissional do design deve estar atento às macrotendências e às tendências do ambiente de atuação em que o produto que desenvolve está inserido. Além de aproveitar o modismo e a grande oportunidade atual, o designer deve se empenhar em programar estratégias para que o momento do declínio não seja rápido, transformando o produto em moda e adequando as funcionalidades de uma tendência mais duradoura, a fim de obter bons resultados por mais tempo.

3.5 Design, globalização e regionalismo

O processo de globalização implica mudanças em vários aspectos, do nível social ao econômico e ambiental. Além do conceito de soberania das nações, a globalização interfere nas formas de comercialização, impulsionando os padrões de comunicação, consumo e comportamento de uma nação para as demais. Com esse fenômeno, a identidade regional pode sofrer dois impactos: (1) ter mais chances de se expandir e se fortalecer em outros lugares do mundo, ou (2) perder-se em seu lugar de origem pela influência externa, que vem a ser o impacto mais provável em regiões com economias e bases políticas mais fragilizadas.

No que diz respeito ao fenômeno do global abrangendo a sociedade como um todo por meio do consumo padronizado de produtos, Verdi, Steffen e Giuliano (2014, p. 6) informam:

> Este padrão de aplicação facilita a produção, barateando custos de adaptação a cada local a ser inserido. Surge a massificação de produtos: objetos, roupas, móveis e por fim, do *lifestyle*. O modo de viver se torna um produto de desejo, um modelo de sucesso a ser seguido, fomentando a homogeneização da sociedade. [...] A criação deste padrão serve de mote para a massificação da produção e, consequentemente a migração de produção para países onde a mão de obra é mais barata. O impacto direto desta massificação proveniente da homogeneização é a exacerbação da desigualdade. A desigualdade social, motivada pelo consumo – onde alguns podem consumir certos insumos e a grande massa não – e também motivada pelo desemprego – a falta de recursos para consumir o básico necessário.

A perda da identidade regional em decorrência da globalização enfraquece a imagem e a relação dos produtos regionais perante a população, abalando as idiossincrasias e cooperando para o processo de homogeneização da sociedade em nível global. Verdi, Steffen e Giuliano (2014) afirmam que esse processo de intensa influência externa leva as localidades e seu povo a pertencerem a lugar nenhum, de tantas influências que adotam. A massificação não se responsabiliza pelo lugar que destrói nem pelo que constrói, sendo esses lugares simples bases de produção, que de uma hora para outra podem ser deixados para trás ao se encontrarem outros mais atrativos.

A unificação da cultura implanta nos territórios identidades que não têm qualquer vínculo com sua história e com seu entorno. De tal maneira, a globalização provoca mudanças difíceis de mensurar.

De acordo com Giddens (1991, p. 28) "as organizações modernas são capazes de conectar o local e o global de formas que seriam impensáveis em sociedades mais tradicionais, e, assim fazendo, afetam rotineiramente a vida de milhões de pessoas".

É fácil o entendimento sobre a criação de padrões que a globalização implanta nas localidades, enfraquecendo o regionalismo característico do entorno. A intenção é abrir espaço ao consumo de um produto que representa a ascensão de outro lugar, normalmente para suprir o desejo de ser reconhecido como uma pessoa que tem vínculos com uma cultura externa.

A globalização interfere na cultura pela imposição de padrões de vida e de consumo. Sobre isso, Verdi, Steffen e Giuliano (2014, p. 5) declaram que:

> Os seres humanos querem se fazer reconhecer perante os outros, querem se mostrar indivíduos geradores de cultura e que possam fomentar a identidade do lugar. Semelhante contradição é apenas aparente: se subsiste, é simplesmente porque as belas almas se obstinam em considerar a Cultura como universal, querendo ao mesmo tempo difundi-la sob a forma de objetos finitos (quer eles sejam únicos quer multiplicados por mil). (BAUDRILLARD, 2008, p. 134). A identidade não é única e não pode ser subjugada a simples formalizações de gosto ou comportamento. Cada grupo social, muitas vezes dentro de um mesmo território, tem por base a criação ou assimilação de símbolos que os represente. Assim sendo, as novas culturas são reconhecidas pelas intersecções e pela alteridade, o respeito entre os cidadãos, que reconhecem no outro uma parte do todo. Na noção de identidade há apenas a ideia do mesmo, enquanto reconhecimento é um conceito que integra diretamente a alteridade, que permite a dialética do mesmo com o outro.

Nesse sentido, o design, por instrumentalizar os signos e símbolos e promover a linguagem, tem a capacidade de criar padrões disseminando de forma integrada os elementos regionais utilizados em sua concepção para outras partes do mundo.

Vanzyst/Shutterstock

CAPÍTULO 4

ÉTICA
PROFISSIONAL
NO DESIGN

Neste capítulo, trataremos de um aspecto importantíssimo para o estudo do design: os vínculos com a ética. Mais especificamente, adentraremos o campo da ética relativa à propriedade intelectual e cultural. Ao fim, abordaremos as principais funções da pesquisa no design.

4.1 Design e ética

O que é *ética*, em sua opinião? Você já parou para pensar em que se sustenta sua concepção de "fazer as coisas da maneira certa"?

Peter Singer é um grande especialista em ética aplicada na prática profissional. Para ele, ética corresponde ao modo como as pessoas, vivem, o que respeitam, o que acreditam e o que praticam. Dessa forma, não é possível determinar quais pessoas seguem padrões éticos e quais não o fazem, justamente por isso ser marcado por um caráter subjetivo (Singer, 2009).

Contudo, ao estendermos esse debate para um contexto profissional, nos deparamos com um objeto comum a todas as profissões: o código de ética profissional. A esse respeito, Sardeiro (2017) alerta que esse documento não é uma garantia de boa conduta do profissional, uma vez que a ética é de foro íntimo e varia conforme o significado que o indivíduo atribui a suas ações, com base em sua concepção particular de "fazer as coisas certas".

> No geral, os "Códigos de Ética" buscam: i) delimitar um conjunto de ações tidas como valiosas pela comunidade profissional na qual se insere (geralmente colocados na forma de deveres); ii) elencar certos direitos e prerrogativas próprios da

> classe profissional na qual está inserido; iii) estabelecer critérios e procedimentos para a instituição de "Tribunais de Ética", responsáveis pela apuração de fatos e responsabilização de atos transgressores das normas instituídas pelo "Código de Ética". Essa estrutura básica, efetuados alguns ajustes, deve poder ser aplicada a grande maioria dos Códigos de Ética em vigor hoje. No entanto, um "Código de Ética" não passa de um conjunto de normas que prescrevem ações e não dão a perceber – nem mesmo minimamente – de que forma implica a "Ética" que traz no seu nome e o justifica. (Sardeiro, 2017, p. 258-259)

As normas de conduta estabelecidas pela sociedade e pelos representantes de uma categoria profissional, orientam o bom exercício e a execução não danosa de suas atividades para a coletividade (Silveira; Bertoni; Ribeiro, 2016). No entanto, a orientação aos profissionais sobre sua conduta no exercício de suas atividades não é de responsabilidade exclusiva do código de ética, pois o debate sobre essa conduta deve ser iniciada durante a formação do profissional.

Especificamente no campo do design, de acordo com Friedman (2012), a educação deve ser baseada em requisitos éticos, assim como acontece nos cursos de medicina, com o objetivo de, após a conclusão do curso, os designers desempenharem atividades que preservem a vida e o ecossistema.

Partindo do princípio exposto pelo autor, trabalharemos nesta seção aspectos voltados à ética do designer. Nosso propósito é que o profissional em formação adote em suas atividades princípios éticos que beneficiem a sociedade e impacte positivamente o planeta.

4.1.1 Ética no contexto da sociedade

Que os estudos sociológicos mantêm vínculo direto e estreito com a ética e a moral não é novidade. Esse vínculo pode ser reafirmado e entendido conforme a conceituação de ética formulada por Chauí (1995, p. 435):

> embora toda ética seja universal do ponto de vista da sociedade que a institui (universal porque seus valores são obrigatórios para todos os seus membros), ela está em relação com o tempo e a História, transformando-se para responder a exigências novas da sociedade e da Cultura, pois somos seres históricos e culturais e nossa ação se desenrola no tempo.

Teixeira (2019) explica que o termo *ética*, derivado do grego *ethos*, diz respeito a costumes e hábitos humanos. No latim, seu correspondente é *mores*, que deu origem à palavra *moral*. Outra possível conceituação do vocábulo *ética* tem bases filosóficas e sociológicas e remete a noções e princípios que sustentam os pilares da moralidade social e da vida individual.

Dessa forma, fica claro que se trata do valor de cada ação social tanto em uma perspectiva coletiva quanto em uma perspectiva individual. Com base nessas observações, concluímos que a ética é produto do comportamento do ser humano como indivíduo, do que ele aprende em seu ambiente de formação e educação na posição de ser social. Em síntese, para ser ético, é necessário fazer o certo mesmo que não haja ninguém para testemunhar.

A moral e a ética são princípios elementares na construção das condutas humanas, uma vez que orientam a formação do caráter e das virtudes, além de nortearem o comportamento social. "A moral é um conjunto de normas, aceitas livre e conscientemente, que regulam o comportamento individual e social dos homens" (Vázquez, 2003, p. 63).

No contexto social, a moral conduz o comportamento coletivo e permite identificar se as ações dos indivíduos perante o coletivo estão sendo congruentes com o que é certo e permitido em um escopo mais geral. Partindo do pressuposto de que todo ser individual interage em algum momento com a coletividade, entende-se que suas ações provocam efeitos em algum outro indivíduo, ou seja, interfere na coletividade. Por esse motivo, qualquer pessoa pode se tornar objeto de julgamento. "A função social da moral consiste na regulamentação das relações entre os homens (entre os indivíduos e entre o indivíduo e a comunidade) para contribuir assim no sentido de manter e garantir uma determinada ordem social" (Vázquez, 2003, p. 69).

Na Antiguidade Clássica, os filósofos gregos Aristóteles, Sócrates e Platão desenvolveram um exercício crítico e reflexivo sobre costumes e valores presentes na sociedade a eles contemporânea. Tais pensadores clássicos questionavam essas práticas e ansiavam entender quais valores poderiam ser considerados universais em âmbito social, caracterizando os requisitos de ser correto, virtuoso e ético. O contexto sócio-histórico no qual esses filósofos estavam inseridos estava impregnado de uma preocupação com a política.

Ao compreender esses princípios expostos a respeito da moral e da ética, surgem alguns questionamentos: Todo ser humano tem consciência moral que o faz discernir entre o que é certo e errado no grupo social em que está inserido? A ética pode ser considerada um complemento para a moral que auxilia na construção do comportamento humano?

A análise da política e da ética permite refletir sobre a influência que as práticas estimuladas pelo código moral exercem sobre a subjetividade dos indivíduos. Tal reflexão também ajuda a avaliar como os sujeitos executam suas ações, se aceitam ou não esses valores normativos e se esses valores impostos são julgados importantes por eles?

Ao reconhecer que as vontades e os desejos dos indivíduos podem ser inconstantes, podemos supor que, se essa inconstância não for controlada, a vida social pode ser prejudicada. Eis aí a razão para haver elementos que favoreçam e equilibrem a vida em comum, como as normas morais e éticas.

Se assim for, o homem tem de educar sua vontade. Um caminho para fazê-lo é a educação racional, a qual pode desenvolver no indivíduo a capacidade de escolher de forma assertiva entre o que é justo e o que é injusto, ou entre o que é certo e o que é errado.

> A filosofia moral ou a disciplina denominada ética nasce quando se passa a indagar o que são, de onde vêm e o que valem os costumes. [...] A filosofia moral ou a ética nasce quando, além das questões sobre os costumes, também se busca compreender o caráter de cada pessoa, isto é, o senso moral e a consciência moral individuais. (Chauí, 2010, p. 310)

A ética teria, então, estreita relação com a educação da vontade de cada um. O senso moral tem a ver com a maneira como o sujeito interpreta suas próprias ações e as dos outros guiando-se pelos conceitos de justo e injusto, bom e mau, por exemplo, traduzindo certos sentimentos morais.

Já a consciência moral, ao contrário, não trata exclusivamente dos sentimentos morais, referindo-se também a avaliações de comportamento que levam os indivíduos a tomarem decisões pensando apenas em si mesmos, agindo em conformidade consigo e respondendo por si perante os outros. Esse comportamento corresponde a ser responsável pelas consequências das próprias ações.

Dessa maneira, tanto o senso moral quanto a consciência moral são elementos que cooperam com o processo da educação da vontade. Ambos têm como fundamento um agente moral, o qual é assumido de forma pessoal por cada indivíduo.

Logo, espera-se que o agente moral exerça sua autonomia como indivíduo, libertando-se de qualquer amarra social, já que, de modo geral, o sujeito tende a ser submisso, aceitando influências e eximindo-se da educação de sua vontade. Dessa forma, a **consciência** e a **responsabilidade** são elementos imprescindíveis à vida ética ou moralmente correta.

Antes de compreender que é um ser individual e que faz parte de uma sociedade, o indivíduo, na maior parte dos casos, está ligado a uma família ou a outras pessoas que são por ele responsáveis. Esses núcleos sociais ensinam os valores da sociedade mostrando o que pode ou não ser feito, o que pode ou não ser dito, e qual é o comportamento esperado desse sujeito. E todas essas regras ensinadas desde o nascimento do indivíduo passam por um processo de formatação segundo as regras vigentes na sociedade. Quando essas regras não são obedecidas, a repreensão ocorre por algum meio de castigo; já quando são respeitadas, pode haver algum tipo de recompensa.

Apesar das repreensões, todos os indivíduos são livres para agir conforme julgarem adequado, mesmo havendo certas regras éticas e morais estabelecidas na sociedade. Dessa forma, desde que respeite os direitos dos outros indivíduos, a pessoa tem liberdade para agir conforme sua escolha.

Nesse ponto, parece emanar um paradoxo entre **liberdade e respeito ao próximo**, uma vez que, na vida prática, o respeito ao indivíduo em si por vezes é considerado inexistente, sendo estendido mais a uma forma de consciência humana.

Ilustram esse entendimento os muitos casos veiculados na imprensa que expõem certas condutas absolutamente reprováveis de alguns indivíduos, como aqueles investidos em cargos públicos. Diante de certos escândalos, é comum a pessoas se perguntarem se os valores já não existem e como será a conduta.

Esse debate é comum porque se entende que sociedade e ética são indissociáveis. O homem nasce e estabelece o seu convívio em uma sociedade que já passou por uma longa jornada histórica. A cada geração essa história ganha novas facetas e os valores e a moral vão sendo adaptados.

Afirmar que a vida humana efetiva por meio do social não significa que o homem não tenha subjetividade; em verdade, quer dizer que ele é atravessado pela cultura, sendo forjado por valores que o antecedem.

Nesse sentido, quando se faz menção à vida em sociedade, está-se afirmando que ela apresenta um pressuposto moral, uma vez que os indivíduos, organizados em grupos e comunidades, movimentam-se em espaços de relacionamento, modificam a natureza, desenvolvem ciência, comportamentos e normas de convivência a partir dos valores vigentes.

Os elementos e os princípios morais não são determinados nem assumidos de forma automática; a liberdade torna-se então um aspecto fundamental para a existência. A vida humana é caracterizada por uma liberdade possível, sempre tendo como contraponto certas exigências que não podem ser desconsideradas tanto na vida individual quanto na vida em sociedade.

As crises da cultura ocorrem quando a sociedade não encontra equilíbrio entre o contexto histórico e cultural e as normas de convivência. Essas crises podem ter impactos negativos, mas também podem estimular reavaliações dos valores estabelecidos.

Portanto, a ética e a moral são basilares para a convivência do indivíduo nos mais diversos contextos sociais. Além disso, sua adoção proporciona condutas profissionais mais justas que favorecem o bem-estar de toda a sociedade, desafiando fronteiras de tempo e espaço.

4.1.2 A importância da ética no design

Conforme expõe Chauí (1995), as manifestações artísticas são formas de expressão e construção da cultura capazes de divertir e estimular os seres humanos a verem, ouvirem, sentirem, pensarem e dizerem. As manifestações de arte, ao longo do tempo abraçaram sentidos e técnicas que acompanharam a história dos povos e suas formas de capitalização.

Chauí (1995) demonstra que o design introduziu na sociedade as artes por meio de desenhos e utensílios, possibilitando a construção de novas técnicas e materiais que se tornariam bens de consumo. Muitos anos mais tarde, durante o processo de industrialização, a arte se mesclou aos objetos de consumo, os quais passaram a ser produzidos para serem belos e atraírem o interesse das pessoas em uma lógica de mercado.

Segundo Abad, Braida e Ponte (2009), contexto histórico da Revolução Industrial e da Revolução Francesa no século XVIII, momento em que o design foi institucionalizado como elemento importante da construção do mundo, era marcado por com faces dinâmicas e revolucionárias, em que as novas criações representavam verdadeiras transformações.

Nesse período, atribuiu-se grande responsabilidade social ao design. A essa área caberia veicular mediante elementos visuais os valores da coletividade, além de contribuir para a orientação da sociedade no que diz respeito às mudanças e à reorganização das relações sociais.

> As fortes ligações dos movimentos ligados ao design com as vanguardas artísticas do início do século XX fizeram dele o agente de uma reestruturação social, rompendo, segundo Le Blot com a ideologia Humanista. As vanguardas "[...] recusam a disjunção entre arte e trabalho, demandam sua integração. Esta recusa e esta demanda têm, assim, um caráter positivo que rompe com a negatividade patética da "arte social", quando ela protesta contra a inumanidade do sistema, propondo à vista o espetáculo dos malfeitos da industrialização [...] a arte quer cooperar segundo sua função própria de ordenadora do imaginário coletivo, à transformação das relações sociais. (Castro, 2008, p. 124)

De acordo com Subirats (1988), no século XX o design assumiu características interdisciplinares. Na Bauhaus, escola de arte vanguardista alemã, ele se tornou principal destino para as massas proletarizadas. Nesse contexto, de acordo com o autor, o design busca resgatar as tradições culturais associando-se a um objeto democratizante, como a realização de uma arte acessível a todos com o potencial de contribuir para a existência humana.

O objetivo primeiro da escola de design de Bauhaus era ensinar uma postura ética aplicável às atividades do design, uma vez que se considerava, segundo Argan (2005, p. 254), "um modelo de uma sociedade – escola, ou seja, de uma sociedade que projetando seu próprio ambiente, projetava a sua reforma".

Se o design é aplicado a uma peça de arte democrática e acessível a todos os públicos, é possível compreendê-lo como uma ferramenta para a construção de um mundo mais igualitário e justo. Dessa forma, a integração da ética no pensamento dos projetos é um caminho para tornar o mundo um lugar melhor para as pessoas que o habitam.

Friedman (2012) defende que os preceitos éticos devem ser contemplados já na base educacional e de formação do designer como incentivos para a vivência na prática profissional. Por seu turno, Silveira, Bertoni e Ribeiro (2016, p. 26) chamam a atenção para a inclusão, na grade educacional, da premissa do pensar ético na atuação profissional do designer:

> Esta premissa fomenta a colaboração e responsabilidade profissional e assume o compromisso com a formação ética. Para tanto, sugere o debate quanto aos princípios éticos que orientam a profissão e que regulam as relações entre os envolvidos. Neste sentido, o debate para a unificação dos diversos códigos de ética que indicam

as normas de conduta que orientam a atividade profissional do design – tais como os Códigos de Ética Profissional do Designer Gráfico (ADG Brasil, s/d) ou do Design de Interiores (ABD, s/d) – e que regulam suas relações com a classe, clientes, empregados e a sociedade deve ser uma prioridade na atualidade.

Essa pauta no currículo educacional do design se justifica pelos impactos dessa atividade na sociedade. Sobre isso, Castro (2008, p. 125) reafirma que "as relações do design com o consumismo fazem parte de um contexto social mais complexo". Dessa forma, o design é um elemento que desempenha um papel ativo na construção da sociedade. Ao compreender a dimensão de sua responsabilidade social, é importante que o designer encare suas atividades com a postura ética adequada para evitar que os produtos de seu trabalho sejam danosos aos valores comungados socialmente.

> As novas orientações éticas que passaram a reger o design exigem, no século XXI, que ele exerça uma responsabilidade social além do campo da produção: ele deve assim trazer sua contribuição para a condução de um processo de reeducação da sociedade, calcado em novas formas de bem estar, que possam atingir uma parcela maior da população e ao mesmo tempo manter-se dentro do respeito aos limites dos recursos do planeta. (Castro, 2008, p. 122)

Portanto, se, na perspectiva industrial, o design fornece informações para diversas áreas e diversos públicos, um objeto de uso coletivo que seja mal elaborado ou envolva alguma forma de desonestidade pode prejudicar um significativo número de pessoas. Dessa forma, o profissional de design deve ser um ator que busca caminhos para colaborar com a resolução dos problemas éticos sociais pelo exercício de suas atividades.

4.2 Design, política pública e tecnologia

Você sabe o que são as políticas públicas? A organização e a execução dos direitos dos cidadãos, ou vontade coletiva, são responsabilidade do governo eleito e de instituições públicas, como o congresso nacional ou a câmara de vereadores de uma cidade. Esses direitos são viabilizados para oferecer bem-estar social por meio de políticas públicas.

Os planos de governo dos candidatos a cargos públicos elencam as políticas públicas que eles se propõem a implementar ao se lançarem ao escrutínio eleitoral. O conjunto de propostas é escolhido pela sociedade por meio de um processo democrático de votação. No exercício do governo, as políticas públicas escolhidas pelo povo devem ser concretizadas, para que os direitos dos cidadãos sejam devidamente atendidos.

Dessa forma, é por meio das políticas públicas que o Estado atua perante a sociedade. A esse respeito, Cardoso et al. (2014, p. 4-5) declaram:

> Para Maffei, Mortati e Villari (2012), considera-se política a maneira pela qual um sistema político (política + governança) compartilha um conjunto de regras, atividades e processos necessários para, segundo o conceito de design de Simon, "transformação de condições existentes para preferenciais". Os autores distinguem três níveis: políticas, programas e iniciativas. Nas políticas têm-se as regras, atividades e processos que traduzem uma visão política em programas e ações para cumprimento dos objetivos do Modelo de Gestão estabelecido. Os programas são os objetivos a serem atendidos e as atividades a serem desenvolvidas para cumprir o Modelo de Gestão.

Portanto, as políticas públicas são um conjunto de decisões, projetos, objetivos e metas para resolver problemas em áreas específicas e garantir o melhor interesse público. Depois da concretização das políticas públicas, elas precisam passar por um processo de avaliação que se dá em dois níveis: (1) governo e (2) população. A respeito da conceituação, da concepção e das características das políticas públicas, Cavalcante, Mendonça e Brandalise (2019, p. 29) assim se pronunciam:

> O campo de políticas públicas é marcado pela multidisciplinariedade e pela sua evolução no âmbito acadêmico e nas práticas governamentais, o que torna a área de estudo bastante vasta, englobando diferentes disciplinas que abordam as ações públicas sob diferentes escopos e preocupações teóricas. No entanto, é nas ciências sociais, sobretudo na ciência política e na administração pública, que as ferramentas e os modelos de políticas públicas se constituem como campo particular de análise científica e aplicada. De acordo com Bardach (1977), o campo das políticas públicas constitui-se em um conjunto de conhecimentos de diversas disciplinas das ciências humanas e busca resolver ou analisar problemas concretos na política. A inerente complexidade do tema demanda capacidade de análise que não se restringe à fronteira de uma perspectiva, requerendo abordagem compreensiva e dinâmica.

Para Castro e Braga (2012, p. 128), o design consiste em uma ferramenta de apoio às políticas no processo de inovação de suas concretizações, promovendo a competitividade e, aos poucos, integrando o planejamento das empresas "tornando-as objeto de esforços coordenados na nova geração de políticas públicas".

No Brasil, segundo as autoras, na década de 1960, foram instituídas as primeiras escolas de design às quais foi atribuída a nomenclatura *desenho industrial*, por focarem a dinâmica da economia de mercado em grandes indústrias. No final da década de 1970, houve uma maior aproximação do design com o Estado a partir do entendimento de que a predominância da elite industrial como detentora dos principais modelos de design e mídia configurava um problema político. Emararam, então, três aspectos para definir a condução das políticas de design nas décadas posteriores: "o suporte às empresas, a promoção do design e a educação do público e dos próprios produtores" (Castro; Braga, 2012, p. 131).

As autoras afirmam que o design se popularizou no Brasil a partir dos anos 1990, quando as empresas em geral buscaram mecanismos que auxiliassem a obter maior competitividade de mercado, na busca da inovação tecnológica. Graças a representantes da comunidade do design no Brasil, foram elaboradas algumas diretrizes estratégicas para que essa área fosse incorporada a projetos de desenvolvimento social que apoiariam "pequenas e microempresas, cooperativas e associações" (Castro; Braga, 2012, p. 131).

Reconhecendo que o design está historicamente ligado ao contexto da industrialização no Brasil, nota-se que sua integração com as políticas públicas visa ao desenvolvimento econômico e microeconômico. Isso explicaria o fato de, muitas vezes, na prática, o design não ser protagonista em programas de desenvolvimento, figurando apenas como elemento de apoio.

> [...] se é verdade que as políticas de design têm procurado se estruturar de forma sistêmica, as ações que poderiam estabelecer o design como elemento de agregação de valor ao produto industrial tem sido implementado de maneira deficiente; a articulação entre os diversos órgãos e programas continua falha e desconexa; a metodologia de ação junto a empresas e seu gerenciamento têm sido implementados "com

objetivos mal definidos, recursos insuficientes e (...) falta de recursos humanos, além das deficiências no sistema (...)" (Jica, 2002. p. 58). As ações institucionais voltadas para a questão do design ao buscar melhoria para as empresas também teve como efeito o desgaste do termo que, banalizado e muitas vezes ligado a experiências frustrantes, não implica mais necessariamente na qualidade da diferenciação que se busca no design. (Castro; Braga, 2012, p. 135)

Ainda de acordo com Castro e Braga (2012), para que, no Brasil, o design seja instituído como política direcionadora também em aspectos relativos à cultura, à educação, à saúde, ao meio ambiente, entre outros, é necessário haver maior coordenação entre essas pastas, desvinculando-se do foco único no aspecto econômico.

Com vistas a evitar que o design se aparte de seu papel social, Castro e Braga (2012, p. 135) afirmam que: "Para que a promessa do design enquanto elemento agregador de valor possa se concretizar, é imprescindível, enfim, que não se negligencie o compromisso social e ambiental que o tema deve assumir enquanto política pública".

Se o design vincula-se às políticas públicas e à economia, é possível relacioná-lo também com a tecnologia de modo a colaborar com o progresso da sociedade. Nesse sentido, de acordo com Ferreira (2006), a inovação tecnológica, em uma perspectiva econômica, é considerada um processo que integra empresas e clientes e, por conseguinte, a sociedade.

A tecnologia não designa apenas um produto palpável do avanço tecnológico; em verdade, além de máquinas, equipamentos e aparelhos, ela abarca os papéis da sociedade, das pessoas que atuam como os agentes de criação e mudança. Segundo Cresto (2009, p. 141), "a tecnologia está associada à presença humana, às suas pesquisas, aos seus hábitos; constitui um valor da existência humana".

Nesse sentido, os fatores tecnológicos, na qualidade de elementos que revelam e cooperam com a evolução das atividades humanas, são naturalmente integrados ao design; do mesmo modo, este é integrado à tecnologia, originando uma dinâmica cíclica e retroalimentar.

Cresto (2009, p. 140) assim conceitua e exemplifica tecnologia:

> O significado de tecnologia dilui-se na esfera das apropriações que são feitas do termo. Desta forma, a publicidade apresenta produtos com a mais alta tecnologia, que variam do celular ao tênis para atletas. O termo tecnologia acaba por enaltecer o que nem é tão nobre ou avançado em um determinado produto. O conceito *no tech* expressa esta concepção de que instrumentos, ferramentas e máquinas são vistos como a própria tecnologia, embora isoladamente, como o resultado de um processo "natural" de evolução científica. Neste pensamento, não são considerados os papéis das sociedades e das pessoas como agentes de criação, mudança e utilização destas "tecnologias". Estas são ferramentas; são técnicas que materializam um saber tecnológico que antecede esta materialização em objetos físicos, como ferramentas, produtos, artefatos variados. Quando a tecnologia é compreendida como um dado material isolado de seu contexto e dos conhecimentos que possibilitaram a sua existência, corre-se o risco de perder os significados e perceber a amplitude da tecnologia na atividade humana.

A perspectiva de crescimento econômico para beneficiamento empresarial como auxílio para a mecânica da sociedade pode mesclar design e tecnologia. Um dos produtos dessa soma é denominado *design thinking* e tem como função aplicar métodos aos profissionais de design para utilizar fatores tecnológicos em estratégias de negócios que proporcionem à sociedade resolução prática para seus problemas.

No meio corporativo, o *design thinking* é uma abordagem muito adotada com vistas a maximizar resultados de forma eficiente tanto no planejamento quanto na produção. Atualmente, essa abordagem é utilizada nos principais setores de produtos tecnológicos. Nessa perspectiva, Bonini e Endo (2010, p. 1) demonstram a opinião de Steve Jobs a respeito do design *thinking*:

> Steve Jobs, CEO da Apple, disse em 1995 para a BusinessWeek: "É difícil desenhar produtos por focus groups. Muitas vezes, as pessoas não sabem o que querem até você mostrar para elas". Em outra oportunidade, Jobs disse: "Design não é somente o que se vê ou o que se sente. Design é como funciona". É exatamente dessa forma que a Apple conduz os seus negócios, utilizando design como arquitetura não somente de seus produtos, mas do seu modelo de negócio. Nos últimos anos, diversas empresas têm adotado essa visão de design para construção e condução dos negócios. Nesse contexto, surge o conceito de design thinking.

Essa abordagem estabelece o ponto de partida para uma cultura de inovação, seja qual for seu objeto de aplicação. De acordo com Melo e Abelheira (2015), essa união tem alguns resultados práticos que agilizam processos de desenvolvimento e resolução de problemas complexos. Além disso, "Propõe o equilíbrio entre raciocínio associativo, que alavanca a inovação, e o pensamento analítico, que reduz os riscos. Posiciona as pessoas no centro do processo, do início ao fim, compreendendo a fundo suas necessidades" (Melo; Abelheira, 2015, p. 15).

A execução de projetos que alinham as duas vertentes (design e tecnologia) exige certas competências do profissional. De qualquer modo, essa abordagem é considerada uma poderosa ferramenta para estabelecer processos de inovação, a começar pela geração de ideias.

O *design thinking* tem, em geral, caráter otimista, construtivista e experimental, com foco nas necessidades das pessoas no que se refere ao uso de produtos ou serviços e a sua arquitetura.

4.3 Design e propriedade intelectual

O design tem em sua essência a criatividade e a inventividade. Uma vez criado um produto, o produtor passa a ter posse e domínio sobre ele, ou seja, passa a ser proprietário dessa invenção. Para evitar que seu trabalho seja copiado, é necessário que o criador tenha segurança sobre seu invento, a qual é denominada *propriedade intelectual*.

A propriedade intelectual é a área do Direto que abrange a regulamentação e a proteção das criações provenientes do intelecto. Azevedo (2017) comenta que se trata de bens imateriais, intangíveis e protegidos por regulamentações jurídicas.

Nesse âmbito, a pessoa física ou jurídica busca registrar sua criação em seu nome, para deter os direitos sobre ela, inclusive econômicos. Conforme Silveira (2017), esse registro proporciona segurança no que concerne aos direitos do inventor ou criador e se regulamenta por meio da propriedade intelectual.

Também as produções do design são submetidas a esse tipo de registro, o de propriedade intelectual. De acordo com Backx, Grimaldi e Karla (2019), os resultados dos trabalhos de design geralmente são produtos derivados da criatividade, configurando uma obra intelectual que pode ser definida de duas formas: (1) conteúdo criativo ou (2) objeto criativo.

Backx, Grimaldi e Karla (2019, p. 164) acrescentam que:

> os ramos e modalidades da PI [propriedade intelectual] que têm relação com os conteúdos criativos em design são: i) o direito do autor na modalidade obra artística; e ii) propriedade intelectual nas modalidades de invenção, modelo de utilidade, desenho industrial e marcas.

Backx (2014) diferencia dois ramos e algumas modalidades de propriedade intelectual aplicados ao design, conforme a Figura 4.1, a seguir.

Figura 4.1 – **Ramos e modalidades da propriedade intelectual aplicadas ao design**

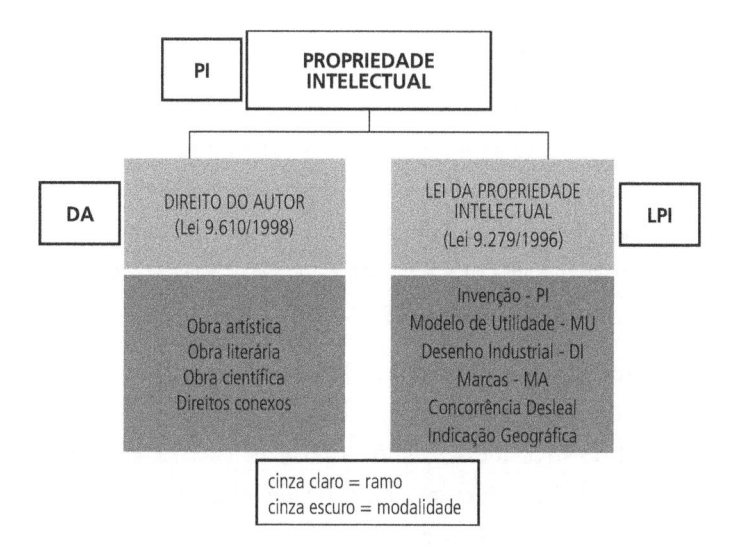

```
                    ┌──────────────────────┐
            PI      │    PROPRIEDADE       │
                    │    INTELECTUAL       │
                    └──────────┬───────────┘
              ┌────────────────┴────────────────┐
       ┌──────────────┐                 ┌──────────────────┐
  DA   │ DIREITO DO   │                 │ LEI DA PROPRIEDADE│  LPI
       │   AUTOR      │                 │   INTELECTUAL     │
       │(Lei 9.610/1998)│               │ (Lei 9.279/1996)  │
       └──────────────┘                 └──────────────────┘
       │ Obra artística│                 │ Invenção - PI    │
       │ Obra literária│                 │ Modelo de Utilidade - MU│
       │ Obra científica│                │ Desenho Industrial - DI │
       │ Direitos conexos│               │ Marcas - MA      │
                                         │ Concorrência Desleal│
                                         │ Indicação Geográfica│
```

cinza claro = ramo
cinza escuro = modalidade

Fonte: Backx, 2014, p. 2.

Para se enquadrar em cada uma dessas modalidades, é necessário avaliar outros requisitos do conteúdo criativo, de ordem estética ou técnica. Sobre isso, Backx (2014, p. 3) assinala que, se for um conteúdo criativo estético, excluindo o aproveitamento industrial ou comercial das ideias contidas na obra, este pode ser amparado pelo direito do autor; já se for estético e tiver aplicação industrial ou com atributo técnico, pode ser protegido pela Lei de Propriedade Intelectual.

As atividades de design poderiam ser qualificadas como propriedade quando se encaixam no critério de conteúdo criativo. Sobre isso, os autores fazem as seguintes observações.

> O conceito de criatividade de Martínez (2003) pode ser assim reconstruído com vista a associar o Design e a PI [propriedade intelectual] em um núcleo comum: o designer enquanto pessoa natural realiza um produto expresso em um suporte [tangível ou intangível], com conteúdo criativo novo [distinto do estado da técnica] e valioso [valor econômico e/ou social], através de determinadas condições e processo [processo sistematizado]. Essas seriam então as condições básicas para que o resultado da atividade de design possa se vincular à propriedade intelectual tendo em vista o núcleo comum entre ambos: conteúdo criativo. Sendo este o objeto passível de proteção daquele. (Backx, Grimaldi; Karla, 2019, p. 167)

Straioto, Silva e Figueiredo (2017) detalham a divisão dos trabalhos de design de acordo com a Lei de Propriedade Intelectual, descrevendo as atividades segundo o tipo de invenção a ser registrada e o tempo de vigência para cada modalidade. Esse detalhamento está expresso no Quadro 4.1, a seguir.

Quadro 4.1 – **Registro de propriedade intelectual no Brasil**

Tipo	Descrição	Duração
Invenção	Criação de algo novo que seja susceptível de aplicação industrial, como produto ou como processo de fabricação.	Duração é de vinte anos contados a partir do seu pedido, ou depósito. (devido a lentidão do processo ficou-se determinado um prazo mínimo de dez anos contados da data de expedição da Carta Patente).
Modelo de utilidade	Representa uma melhoria de caráter funcional no uso ou no processo de fabricação.	Quinze anos contados da data do depósito.
Desenho industrial	Forma plástica ornamental de um objeto, ou o conjunto ornamental de linhas e cores, que possa servir de aplicação num produto e que proporcione um resultado visualmente perceptível novo e original na sua configuração externa, e que possa servir também de tipo de fabricação.	Dez anos contados do pedido, prorrogáveis por três períodos iguais e sucessivos de cinco anos. duração máxima de vinte e cinco anos.
Marcas	Sinais distintivos, visualmente perceptíveis, capazes de diferenciar um produto ou serviço de outro concorrente.	Dez anos, podendo ser prorrogado sucessiva e indefinidamente por períodos iguais.
Indicações geográficas	Nomes de lugares geográficos ou regiões conhecidas pelos atributos únicos relacionados a seus produtos ou serviços. Divididas entre indicações de procedência e denominações de origem.	Indefinido.

Fonte: Straioto; Silva; Figueiredo, 2017, p. 322.

Segundo Straioto, Silva e Figueiredo (2017), as modalidades do quadro sintetizam os tipos de propriedade intelectual que o design pode abarcar, mas não inclui todas. A indicação geográfica é incluída na modalidade dos sinais, que se refere às marcas e nomes empresariais e de domínio.

Reconhecer o direito de vínculo a uma modalidade de propriedade intelectual de um conteúdo criativo é uma habilidade que exige domínio do sistema de normas de proteção. O conhecimento sobre os tipos de registro e seus detalhamentos ajuda o designer a tomar cuidados referentes a imitação ou plágio, além de o capacitar a proteger suas criações de possíveis copiadores e plagiadores.

4.4 Design e propriedade cultural

Enquanto a propriedade intelectual remete à defesa da criação ou da invenção de um indivíduo com base em sua ciência e criatividade, a propriedade cultural, conforme Radomsky (2012), está associada à arte e à identidade de uma sociedade. Logo, diferencia-se da propriedade intelectual por assumir um caráter de coletividade, proporcionando "ligações de direito e exclusividade de um grupo social a uma produção imaterial (artística, performática, religiosa)" (Radomsky, 2012, p. 166).

No Brasil, reconhecendo-se a pluralidade étnico-cultural característica da formação histórica, o conceito de patrimônio cultural está presente na Constituição Federal de 1988, consubstanciado no art. 216 e respectivos incisos.

Art. 216. Constituem patrimônio cultural brasileiro os bens de natureza material e imaterial, tomados individualmente ou em conjunto, portadores de referência à identidade, à ação e à memória dos diferentes grupos formadores da sociedade nos quais se incluem:

I- as formas de expressão;

II- os modos de criar, fazer e viver;

III- as criações científicas, artísticas e tecnológicas;

IV- as obras, objetos, documentos, edificações e demais espaços destinados às manifestações artístico-culturais;

V- os conjuntos urbanos e sítios de valor histórico, paisagístico, artístico, arqueológico, paleontológico, ecológico e científico. (Brasil, 1988)

A Constituição reconhece a importância e o significado de preservar a memória cultural como um meio de construção da cidadania e esteio da identidade cultural do país. O referido artigo estabelece que o patrimônio cultural do território brasileiro não envolve somente os bens materiais, ditos "patrimônios edificados", mas também os bens imateriais ou intangíveis, os quais, por vezes, podem carregar mais fatores de identidade da rica diversidade cultural, em que são revelados por meio dos modos de criar, fazer e viver do povo brasileiro.

Partindo da ideia de que a propriedade deve ser protegida para que outros indivíduos não se apropriem dela, tomando-a para si, convém entender o significado de *apropriação cultural*. Ferreira (1986, citado por Bernardi, 2011) afirma que a ideia de apropriação cultural pode ser compreendida como "ato ou efeito de identificar(se), reconhecer(se), ressignificar(se)". No entanto, segundo a autora, esse ato vincula-se à construção de identidades culturais e ao reconhecimento de um indivíduo perante outros, incorporando-se saberes comuns a dada comunidade.

> Ao pensar a cidade como cenário do processo de apropriação cultural, inferimos que a apropriação de espaços urbanos – praças, parques, mercados, galerias, calçadas, ruas – e dos centros de produção e difusão cultural – cinemas, museus, centros culturais e, também pontos de encontro e de convergência de manifestações tradicionais e populares –, propiciam, permitem e estimulam a (re)criação da cidade como um espaço plural, expandido, inclusivo e educador pressupondo, assim, seu usufruto. A apropriação pressupõe o usufruto. Entre apropriação e usufruto encontram-se, talvez, etapas distintas da relação com a cidade e os bens culturais. Há hierarquia mútua entre eles: haveria usufruto sem apropriação? Por outro lado, não podemos nos apropriar de determinado espaço se não usufruímos dele. Pois que usufruir de um espaço envolve desfrute e proveito, uma relação afetiva, permeada pela cultura. (Bernardi, 2011, p. 24)

Por envolver os direitos de um grupo, o tema é bastante complexo. Além disso, a proteção dos direitos dos grupos sobre suas criações culturais não são efetuadas por mecanismos científicos ou tributáveis, como no caso da propriedade intelectual, em que seu "dono" é, normalmente, um sujeito solitário.

> Se a categoria de propriedade intelectual tem raízes em patentes, marcas e *copyrights* que, no Renascimento, passaram a ser pensadas a partir do indivíduo criador, inventor e possuidor de direitos, determinados bens artísticos ocidentais também são individualizados e pertencem a uma autoria moral (legitimada pela noção de talento). Do mesmo modo, a noção de propriedade cultural precisa dar conta de conhecimentos eficazes, tradicionais ou não, que não sejam da esfera da ciência e nem tributáveis à invenção do gênio solitário. Portanto, quando Barsh (1999)

aponta para a noção de categoria de propriedade cultural está-se em face de uma proposta que ganha expressão no âmbito das agências internacionais (Organização Mundial da Propriedade Intelectual – Ompi, Unesco) para o tratamento da cultura e do patrimônio, mas cuja separação da propriedade intelectual é ela própria tributária do modo ocidental moderno de entendimento, tanto sobre os "produtos" do trabalho intelectual-artístico como para as formas de criação possíveis de realizar coletivamente. (Radomsky, 2012, p. 166-167)

A proteção dos bens imateriais de ordem cultural divide opiniões de pesquisadores. Na visão de Souza (2012), a apropriação cultural só aconteceria quando um indivíduo ou grupo de indivíduos alheio anunciasse a autoria de algum bem imaterial como seu e impedisse que o grupo originalmente criador desse bem continuasse a produzi-lo. Já para Funari e Carvalho (2008), as referências culturais englobam uma questão de ética, com tarefas consideradas morais. Partindo do pressuposto de que a preservação do patrimônio depende do conhecimento sobre algo e uma afeição por esse elemento, os autores entendem que as ideias inspiradas ou coletadas da identidade de determinado grupo que devem ser devidamente creditadas, de modo informativo.

Os créditos são uma forma de preservar o patrimônio cultural de determinado povo e devem indicar o contexto histórico ao qual se referem. Funari e Carvalho (2011, p. 306) explicitam:

Dentro dos princípios estabelecidos pela Unesco, é possível afirmar que sem a Educação Patrimonial poucas mudanças referentes à própria cidadania serão implantadas. Por isso, acredita-se, dentro dos princípios da Arqueologia Pública Democrática, que é preciso construir junto com as comunidades o conceito de patrimônio e de bem público. Apenas quando esses conceitos tiverem sentido para os indivíduos será possível alcançar uma preservação efetiva dos patrimônios, sejam eles de quaisquer espécies. O indivíduo precisa compreender que esse patrimônio é importante para alguém. Para Funari e Bastos, "através da educação patrimonial o cidadão torna-se capaz de entender sua importância no processo cultural em que ele faz parte, cria uma transformação positiva entre a relação dele e do patrimônio cultural".

Do ponto de vista do design e das atividades desenvolvidas por seus profissionais, é importante considerar os aspectos éticos e morais atinentes à propriedade cultural, uma vez que, segundo Funari e Carvalho (2011), essa questão se refere a um instrumento de justiça social, que é relevante em qualquer situação.

Reconhecer o direito de vínculo cultural em uma produção, é uma conduta ética e moral que deve ser assumida pelo designer a fim de não comprometer a reputação do trabalho. O conhecimento sobre a legislação que garante os direitos de grupos sociais em suas diversas dimensões impede o profissional criador de cometer a prática de apropriação, além de proteger suas criações juridicamente de serem apropriadas por outrem, no caso de serem tomadas por um contexto de grupo. A pesquisa pode ajudar esse profissional a evitar certos transtornos, além de auxiliá-lo no processo criativo. É sobre isso que comentaremos na próxima seção.

4.5 Pesquisa em design

Você sabe o que é pesquisa? Noble e Bestley (2013) afirmam que "pesquisar é olhar algo de forma focada e sistemática". Na ciência, os pesquisadores costumam iniciar os estudos com a revisão da literatura específica e a análise dos resultados obtidos por eles. Com base nisso, é possível desenvolver formas de criar um novo conhecimento.

De modo semelhante, a concepção dos produtos de design é antecedida de uma pesquisa sobre o contexto em questão para gerar novas formas de produção e obter *insights*. O que diferencia o design da ciência é o seu modo criativo que não exige uma metodologia tão rígida para ser executada. No entanto, determinar alguns métodos de coleta de dados e experimentação pode facilitar o trabalho do designer.

Sobre o conceito de pesquisa, Moura (2013, p. 4-5) declara:

> Procuramos aquilo que não existe e que virá a ter existência após o processo de pesquisa, geralmente na finalização da mesma. Portanto, o que nos move para a pesquisa é a busca, a curiosidade, a indagação, a dúvida, a descoberta de algo. E, para descobrir, investigamos, vasculhamos, ouvimos outras vozes e outros pensamentos em um processo de estudo que leva ao conhecimento. Mas o conhecimento não aparece de forma pura e simples, ele vai sendo construído aos poucos e somado ao tempo, resulta em aprofundamento a respeito de determinada coisa, determinada causa que nos impulsiona. Sim, é uma causa no sentido de fazer com que algo venha a existir e a determinar um acontecimento, uma ação. E nesse exercício, vamos desenvolvendo e ampliando o pensamento reflexivo e crítico. "A pesquisa diz respeito à vida e à necessidade de produção de autonomia e memória para garantir um mínimo de qualidade, sem a qual não há possibilidade de permanência neste, nem em qualquer outro mundo" (GREINER, 2005, p. 16). Devemos lembrar que, ao atuar com pesquisa, elegemos muitas teses no decorrer da atividade, movidas pela necessidade e pelo desejo de saber o que se ignora. Entre a pesquisa e a invenção, tomamos partido, exercemos a política, nos posicionamos, estabelecemos

trocas com outros autores, com outras experiências e vivências, estudamos e dialogamos com o objeto de pesquisa.

Seivewright (2015) afirma que a pesquisa é essencial para o processo de criação, pois oferece uma base a partir da qual é possível construir e desenvolver os resultados desejados, além de ser o momento de lançar e coletar ideias que precedem a criação. Deve ser um processo experimental, um estudo para apoiar o conhecimento que já se tem ou para descobertas sobre determinado assunto, mercado, consumidor, inovações ou tecnologias. Como ferramenta imprescindível no processo criativo, a pesquisa fornece informações e direcionamento criativo, bem como uma narrativa para a coleção.

> Trata-se de uma jornada que muitas vezes pode levar semanas ou até meses para ser organizada e processada. Além disso, por ser uma atividade muito pessoal, proporciona ao observador um insight sobre o pensamento, as intenções, os interesses e a visão criativa do designer. A partir de uma pesquisa ampla e detalhada, o designer pode interpretar as informações e transformá-las em roupas ou desenvolver uma coleção. (Seivewright, 2015, p. 8)

A observação estimula os *insights*. Na esteira desse reconhecimento, Moura (2013, p. 26) afirma que "O fato de o design estar ao nosso redor e em tudo com o que nos relacionamos exige e intensifica a necessidade da pesquisa e do desenvolvimento do conhecimento científico a esse respeito".

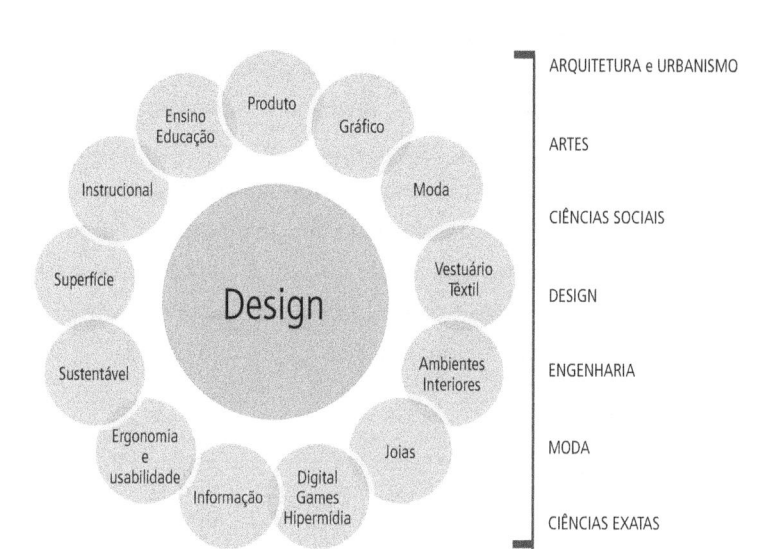

Figura 4.2 – **Diversidade, inter-relações e segmentos de design**

- ARQUITETURA e URBANISMO
- ARTES
- CIÊNCIAS SOCIAIS
- DESIGN
- ENGENHARIA
- MODA
- CIÊNCIAS EXATAS

Segmentos em torno de Design: Ensino Educação, Produto, Gráfico, Moda, Vestuário Têxtil, Ambientes Interiores, Joias, Digital Games Hipermídia, Informação, Ergonomia e usabilidade, Sustentável, Superfície, Instrucional.

Fonte: Moura, 2013, p. 2.

A representação gráfica ilustra a afirmação de que o design está presente no cotidiano das pessoas. O diagrama apresenta alguns segmentos – arquitetura e urbanismo, artes, ciências sociais, engenharia, moda, ciências exatas, entre outras – que podem ser vinculados à área de design, provando a multidisciplinaridade dessa área.

De acordo com Seivewright (2015), em design, a pesquisa pode ser de três tipos. O primeiro diz respeito à **inspiração visual**, que ajuda na definição do tema, inspiração ou conceito que se atribuirá ao produto no processo de desenvolvimento da identidade. O segundo tipo corresponde à **coleta de materiais** tangíveis e práticos que serão necessários para construir o produto. O terceiro tipo diz respeito ao **perfil de consumidor** segundo o nicho de mercado ao qual será direcionado o produto que está sendo criado. Nessa última etapa, deve-se ter domínio sobre o estilo de vida, os interesses do consumidor e as características do mercado e seus competidores.

Em suma, a pesquisa é importante para tornar o produto de criação adequado ao que o mercado exige, aumentando, assim, as chances de sucesso de suas inspirações e funcionalidades. O produto fruto dos *insights* obtidos com a pesquisa tem mais chances de assertividade, levando o design a cumprir seu papel diante da sociedade: resolver seus problemas diários e facilitar seu modo de vida.

Nikita Kacanovskis/Shutterstock

CAPÍTULO 5

DESIGN PARA TRANSFORMAÇÃO SOCIAL

Neste capítulo, qualificaremos o design como instrumento de transformação da sociedade por meio da implementação de melhorias para os problemas sociais. O conhecimento sobre esses pontos possibilita um caminho assertivo para a compreensão da função do design nos modelos de desenvolvimento e no atendimento das demandas sociais.

5.1 Design e consumo

Em sua opinião, o indivíduo é capaz de desenvolver seus próprios desejos, vontades e tomar decisões de maneira totalmente livre de qualquer influência externa? Você sabia que a resposta para uma pergunta como essa pode ser construída com base em abordagens do sistema de desenvolvimento econômico e design?

As análises historiográficas sobre as relações sociais permitem compreender a influência dos fatores econômicos nesse processo. O modelo de desenvolvimento vigente é baseado no crescimento econômico e está presente na formação e na organização da sociedade, com maior foco principalmente desde o período da Revolução Industrial.

O modelo de desenvolvimento econômico baseado na relação entre demanda e consumo, e é assim que o mundo contemporâneo e globalizado funciona. Esse comportamento é refletido no modo de viver das pessoas, e a dinâmica do design tem estreita relação com o consumo. A esse respeito, Ferreira, Chimirra e Lona (2014, p. 70) comentam:

O crescimento da economia global está intimamente associado à capacidade do ser humano de consumir e acumular bens materiais, por isso mesmo emprega-se a denominação "sociedade de consumo". Por conta da globalização, as diferentes identidades e culturas singulares de cada localidade devem ser deixadas de lado. Busca-se assim a homogeneização da informação para que, sempre que ela for acessada, por qualquer indivíduo de qualquer lugar, possa ser entendida. Portanto, o estudo da imagem tornou-se indispensável para que se possa entender o desenvolvimento de uma sociedade dita globalizada.

Essa afirmação indica que o design mantém relações estreitas com as formas de consumo e, portanto, com a promoção do crescimento econômico. Além disso, reitera-se que a globalização tende a unificar a uma cultura visual ao longo do tempo, uma vez que as grandes empresas ultrapassam as barreiras geográficas, empreendendo a produção em massa, a qual é caracterizada por opções "únicas de consumo" de forma global.

Ferreira, Chimirra e Lona (2014, p. 72) acrescentam que:

> Em fins dos anos 1970, ocorreu a globalização dos mercados, o desenvolvimento de empresas gigantescas com marcas mundiais, novas tecnologias, que permitiram a "[...] produção personalizada em massa [...]". "Espalha-se toda uma cultura que convida a apreciar os prazeres do instante, a gozar a felicidade aqui e agora, a viver para si mesmo" (LIPOVETSKY, 2007, p. 102). [...] Percebe-se, então, que este terceiro ciclo traz o consumo por motivos sensoriais e estéticos, com a chegada do hiperconsumo, ou seja, os dispêndios não significam mais a identidade pelo custo dos produtos adquiridos, mas individualização. Houve também a libertação espaço-temporal, em que a compra virtual também ganhou cada vez mais espaço.

Não existem barreiras entre localidades, etnias, religião, faixa etária, pois, todos fazem parte do fluxo mercantil. Tendo em vista essas transformações dos indivíduos em relação à aquisição de bens, fez-se necessário o entendimento do design de produto para o consumidor globalizado.

Tais afirmações dos autores sobre o papel do design como elemento que influencia o consumo indicam que o desenvolvimento de desejos, vontades e o processo de tomada de decisões dos indivíduos podem sofrer interferências externas, as quais podem ser, inclusive, fruto do design.

As vontades, os desejos, as necessidades são elementos sempre presentes na vida dos indivíduos. O acesso à comunicação – das mais variadas formas – e o convívio em sociedade são fatores que impulsionam os seres humanos a agirem e a fazerem escolhas. Essas ações estão relacionadas à vários contextos, dentre eles, o consumo.

De acordo com Mozota, Klöpsch e Costa (2011), é característico do design assumir uma intenção nas fases analítica e criativa da concepção de um produto. Isso significa que, todo produto criado pelo designer e cada uma de suas funcionalidades tem um propósito claro de existir. Seguindo essa mesma lógica, Engler, Guimarães e Lacerda (2016, p. 5628) consideram que, por seu trabalho, o designer "possibilita traduzir as necessidades e desejos do ser humano, compreender suas limitações econômicas, estéticas, tecnológicas e comerciais e aplicar estes limitadores a um projeto".

A relação entre o ofício do designer e o consumo como forma de impulsionar o sistema de desenvolvimento vigente é um indicativo dos impactos que a profissão causa na sociedade. O design configura-se como elemento primordial na roda do consumo, pois ao desempenhar suas funções, o profissional da área está trabalhando diretamente para incentivá-lo.

Sendo assim, para obter maior sucesso em seus objetivos diante do público-alvo e comerciantes, Engler, Guimarães e Lacerda (2016) recomendam ao designer reconhecer o usuário e seus desejos para ter sucesso no direcionamento dos produtos que pretende desenvolver e ofertar ao mercado.

A aceitação do produto pelo público consumidor coincide com a identificação de seu desejo pelo produto; no entanto, o que efetiva seu sucesso é a aquisição, a qual é o resultado de um processo de decisão do consumidor derivada de uma escolha.

De acordo com Tonetto, Renck e Stein (2012), o comportamento de um indivíduo com relação a suas escolhas pode ser caracterizado tanto por processos intuitivos quanto pela racionalidade, sendo campos de estudo primordiais da psicologia cognitiva. No que tange à função do design no incentivo ao consumo por meio do aspecto cognitivo, os autores afirmam:

> Em oposição à ideia de que as preferências das pessoas são racionais e podem ser mensuradas com a finalidade de maximizar sua utilidade, na década de 50, Herbert Simon (Simon, 1956; 1957), propôs um modelo alternativo às abordagens racionais – o *satisficing*. Segundo este modelo, os indivíduos usualmente não tomam decisões completamente racionais ou consistentes, nem mesmo estão atentos a todos os elementos envolvidos em uma decisão. As decisões são tomadas por

aproximação, ou seja, quando as pessoas estão próximas ao ponto ao qual desejam chegar, interrompem o processo decisório (Mellers, Schwartz, & Cooke, 1998; Plous, 1993). O processo limitadamente racional de decisão, nesse contexto, é de especial interesse para os designers, já que as avaliações do usuário tendem a serem sempre parciais, resumidas, aproximativas. Compreender, portanto, tais padrões de decisão deve ser uma preocupação do profissional envolvido na projetação de quaisquer artefatos centrados no usuário. (Tonetto; Renck; Stein, 2012, p. 4)

Os referidos autores, portanto, confirmam o papel do design como impulsionador do consumo por meio de ações provocadas no comportamento cognitivo do consumidor; isso somente acontece, porém, quando os projetos envolvidos com aspectos emocionais são focados no usuário e suas necessidades. A união do design com os estudos em psicologia pode fornecer bases de compreensão sobre a experiência humana e seu caminho para o consumo.

Dessa forma, os autores demonstram aspectos importantes que o designer deve considerar ao trabalhar a influência para o consumo em seus projetos:

(a) confiar no processo do designer como um indicador de potencial sucesso do projeto é incoerente, tendo em vista que a avaliação do produto/serviço pelo usuário é guiado por um processo limitadamente racional e baseado em sua cultura, não na do designer;

(b) conhecer, portanto, as características de tal usuário é essencial, sendo a pesquisa direta com o público uma ferramenta de extrema relevância para a validação dos projetos justo ao *target*;

(c) é importante compreender que a configuração da informação processada pelo usuário em relação ao produto/serviço pode ser determinante em relação a sua decisão em relação a seu consumo (ou não), já que as pessoas são sensíveis à forma com que as informações são passadas (efeito de configuração), não apenas ao conteúdo da informação em si; e

(d) o processo heurístico de substituição de atributos é muito mais influente sobre as avaliações das pessoas que a intenção do designer ao projetar, tendo em vista que o raciocínio analítico é de extrema demanda cognitiva, motivo pelo qual as pessoas tenderão a buscar decisões baseadas em elementos superficiais (e, portanto, através de intuição), seja por representatividade ou por disponibilidade (heurísticas) de dadas informações para facilitar tais julgamentos. Desta forma, conhecer os elementos que "remontam" determinados conceitos na mente do usuário é um processo mais relevante que traduzi-los através da cultura do design(er).

Os detalhamentos sobre os aspectos influenciadores de consumo são frutos de estudos psicológicos em associação com os elementos do design. No entanto, os autores que embasaram essa revisão destacam a importância de conhecer aspectos da vida cotidiana do usuário para compreender melhor a experiência e as emoções humanas que o produto deve provocar.

A criação de estilos, a geração de emoções e sensações e a diferenciação dos produtos, de acordo com Tonetto, Renck e Stein (2012), são elementos que despertam novas necessidades nos usuários e estimulam o desejo de sempre adquirir algo novo. Essas ações incentivam cada vez mais o consumo e, consequentemente, impulsionam a economia.

5.2 Design e sustentabilidade

Será que o constante trabalho para impulsionar o consumo e promover cada vez mais crescimento econômico apresenta algum malefício para a sociedade? Você sabia que o modelo de desenvolvimento vigente, baseado na intensificação das relações de produção e consumo tem vários efeitos negativos? Alguns desses impactos são aumento da degradação dos recursos naturais, da poluição ambiental, da desigualdade social e da concentração de riqueza.

O consumo tem várias facetas; uma delas é o provimento das necessidades básicas do ser humano. Alimentação, vestimenta, moradia, educação, saúde são algumas dimensões básicas de consumo, importantes para a sobrevivência e princípio do bem-estar humano. No entanto, de acordo com Bauman (2008, p. 128), o consumo pode ser visto como meio para o contentamento momentâneo em uma "cultura consumista, marcada por uma pressão constante para que sejamos alguém mais".

Bauman adverte que os impactos do consumo não são apenas os resultados positivos da economia, pois essa prática intensa pode desencadear problemas de ordem social. Além disso, o consumo provoca sérios danos em outros aspectos que não são levados em consideração pelo modelo de desenvolvimento focado no crescimento econômico.

Sobre esse debate, Ono (2009) destaca alguns pontos negativos dessa mecânica de desenvolvimento apontando que o consumo não se resume ao processo de absorção de produtos, apropriação de bens e satisfação de necessidades e desejos. O consumo carrega em si "o caráter ativo da relação das pessoas com os artefatos e a sociedade, no contexto da dinâmica cultural, social, econômica, política e ambiental" (Ono, 2009, p. 88).

Para reduzir a degradação dos recursos naturais e os prejuízos ao meio ambiente e à sociedade, tem sido apontada como solução a criação de um modelo de desenvolvimento que considere os aspectos ambientais. Esse modelo de desenvolvimento é denominado *desenvolvimento sustentável* ou *sustentabilidade* e tem como propósito aliviar os efeitos danosos da política de produção e consumo sobre o planeta e seus habitantes.

De acordo com Martins e Cândido (2008, p. 17), como decorrência da situação de extrema degradação natural:

> [...] surge o conceito de desenvolvimento sustentável e da sustentabilidade, os quais procuram reduzir tais implicações, a partir do entendimento das fragilidades do modelo vigente e da emergência da necessidade de uma nova concepção de desenvolvimento de forma equilibrada e equitativa. Esta nova abordagem do desenvolvimento resgata a necessidade da incorporação de um conjunto de dimensões e indicadores que procuram compreender de forma sistêmica o processo de construção do desenvolvimento, incorporando os aspectos sociais, econômicos, político, institucionais, ambientais, demográficos, culturais etc. Os seus conceitos e aplicações vem sendo sistematicamente discutidos pelos movimentos sociais, instituições de ensino e pesquisa, ONGs, políticas governamentais, estratégias empresariais, dentre outras iniciativas com algum tipo de vínculo com políticas e ações para geração do desenvolvimento.

Segundo esses autores, o modelo de desenvolvimento baseado na sustentabilidade não exclui o crescimento econômico nem o consumo, mas busca incorporar aspectos interdisciplinares e multidimensionais no processo de desenvolvimento. Uma análise histórica aponta que graves desequilíbrios ecológicos e prejuízos sociais foram causados pelas atividades que visam ao lucro a todo custo sem considerar as consequências sociais e ambientais dessa prática.

O mote principal da sustentabilidade está em observar os diversos pontos de impacto das atividades produtivas e promover ações, em que as relações de produção e consumo não comprometa a qualidade de vida das gerações presentes ou futuras.

> Em função disso, surge a necessidade de uma reflexão de forma ampla na sociedade, sobre as formas e relações de produção e consumo baseado na produtividade, no consumismo e em posturas individualistas e competitivas, cuja consequência principal tem sido a assimetria de poder e autonomia entre pessoas, instituições e regiões. Com isso, torna-se fundamental uma reflexão crítica e de forma ponderada sobre os caminhos do desenvolvimento, buscando maior identidade, coesão e harmonia para corrigir os problemas atuais, a partir de mecanismos que sejam capazes de definir os caminhos mais adequados para garantir a existência das futuras gerações. (Martins; Cândido, 2008, p. 18)

É natural questionar-se sobre qual relação o design pode ter com os danos ecológicos e sociais que as práticas de consumo provocaram ao longo do tempo. O entendimento da relação entre a sustentabilidade e o design passa pela interpretação do conceito de consumo. Sobre isso, Ono (2009, p. 89) assim discorre:

> No que tange ao consumo e aos estilos de vida, a relação do design não é menos ambígua, diversa e complexa, podendo promover ou não o desenvolvimento sustentável. No âmbito ambiental, o design pode fomentar a durabilidade dos artefatos ou a sua obsolescência e descarte prematuros; no cultural, pode respeitar ou não a diversidade cultural e as múltiplas identidades; no social, pode promover

a harmonia ou as desigualdades sociais. E, inter-relacionados a essas três esferas ambiental, cultural e social além da econômica e política, desenvolvem-se os estilos de vida e o consumo.

A autora defende que o design pode cooperar com práticas sustentáveis em variadas ações, desde o seu planejamento até a mensagem de igualdade transmitida. Aliar as práticas sustentáveis ao design não é uma tarefa simples, no entanto, é urgente.

O debate ambiental tomou proporções internacionais a partir da década de 1970, e atualmente ele tem sido enfatizado no mercado, tanto por parte das empresas quanto dos consumidores. Pazmino e Santos (2017) destacam o crescente interesse nas práticas sustentáveis ligadas às ações do design e a importância da integração desses aspectos desde a formação do profissional.

> Considerando as ações do designer, cabe salientar que os três fatores essenciais que determinam o impacto ambiental humano - população, riqueza e tecnologia (inclusive o comportamento em relação a ela) - são também alavancas que podem ser acionadas para diminuir o impacto. A tecnologia está cada vez mais inserida na atividade projetual, de modo que, atualmente, com a fabricação digital, maquetes ou modelos são confeccionadas rapidamente e após a apresentação do projeto são descartados sem um cuidado em relação ao acúmulo de lixo. Reflexões sobre a relação entre a ação projetual e a materialização, como também de problemáticas da sustentabilidade, devem estar presentes no ensino de design desde as fases iniciais e permear o currículo dos cursos, como acontece com disciplinas que fazem parte a mais tempo do campo do design. (Pazmino; Santos, 2017, p. 15)

Fica evidente, então, a relevante participação do design na promoção do consumo sustentável. Conforme Walker (2005), as práticas são aplicadas a partir da tipologia estética. Sobre o assunto, o autor esclarece:

> As habilidades criativas e de visualização dos designers lhes concedem um papel único e potencialmente influente no processo de reestruturação dos objetos de modo que, nos seus materiais, manufatura e aparência, eles estejam de acordo com, e sejam uma expressão de princípios sustentáveis e de valores humanos significativos. Podemos inferir disto que objetos "sustentáveis" serão marcadamente diferentes dos produtos existentes, e serão identificados através de uma tipologia estética bastante diferente. Ao tentar reestruturar o design para incluir as prioridades da atualidade, podemos identificar os problemas com nossos modos de operação atuais e propor novas direções que poderão satisfazer bem uma ampla variedade de princípios sustentáveis (Walker, 2005, p. 53).

Desse modo, a implementação de práticas para a promoção da sustentabilidade através do consumo envolve vários caminhos e desafios. Isso demanda pesquisas prospectivas que abranjam desde o cenário externo, com relação ao mercado e aos acontecimentos relativos à sociedade e ao meio ambiente, até o cenário interno, onde os profissionais devem incorporar as práticas em abordagens visuais, materiais mais limpos e duráveis e funcionalidades eficientes e eficazes que dispensem o uso de muitos equipamentos para resolver um ou poucas questões.

A integração da sustentabilidade nas atividades dos designers é complexa e envolve diferentes exigências. Para isso, o profissional deve equilibrar e aplicar habilidades que, conforme Manzini (2008), devem contemplar: a visão de um sistema sociotécnico sustentável; soluções sustentáveis nos produtos e serviços; fácil compreensão da mensagem pelo público.

De acordo com esse autor, a condução da sustentabilidade pelos serviços de design depende de um trabalho pautado por uma visão sistêmica, em que vários aspectos se integram e se complementam. Nessa perspectiva, ocorre uma alteração entre o que tradicionalmente era produzido e o que começará a ser produzido. Isso significa que as modificações no design devem ser orientadas a soluções novas e sustentáveis. Para isso, segundo Manzini (2008, p. 29), é necessário considerar os seguintes passos a fim de se buscar soluções novas e sustentáveis no design:

- *Mudar a perspectiva* – mudar o centro de interesse *das coisas* (por exemplo, geladeiras e fogões, carros e máquinas de lavar roupa) para *os resultados*, focalizando o processo de projeto nas atividades a serem realizadas (preparar a comida, mover-se pela cidade, lavar roupa).
- *Imaginar soluções alternativas* – planejar diferentes combinações possíveis de produtos, serviços, conhecimento, habilidades organizativas e papéis desempenhados pelos atores envolvidos de forma que esses resultados possam, em princípio, ser obtidos.
- *Avaliar e comparar várias soluções alternativas* – utilizar um conjunto apropriado de critérios para avaliar a efetiva conveniência econômica, social e ambiental das alternativas identificadas.
- *Desenvolver as soluções mais adequadas* – planejar um processo que contenha dois movimentos: *promover convergência* entre as empresas e os atores sociais envolvidos na realização da solução escolhida e *conectá-los* aos produtos, serviços e conhecimento que irão compor a solução.

Manzini (2008) afirma que, ao considerar os pontos destacados no quadro, o designer dispõe do que é necessário para desenvolver soluções que se caracterizem como sistemas sustentáveis. Dessa forma, os principais resultados obtidos são o encorajamento desses profissionais a pensarem cada vez mais em soluções que promovam uma abordagem sistêmica envolvendo os atores das áreas de planejamento, produção, execução, uso e descarte final da solução. Essa prática apresenta vantagens tanto na perspectiva econômica quanto na ambiental e social.

O autor acrescenta que os pontos destacados ensejam a discussão sobre as práticas do sistema tradicional de desenvolvimento dos produtos e serviços. Com isso, são apontadas alternativas possíveis e eficientes para a introdução das diretrizes da sustentabilidade em novos processos de pesquisa, criação e desenvolvimento.

A inclusão desses pontos nos processos de design contribui para uma mudança cultural no modelo de desenvolvimento com base na produção e consumo, uma vez que essas passam a integrar as práticas sustentáveis. Dessa forma, os princípios fundamentais da sustentabilidade passam a equilibrar o modelo de crescimento em outras bases que sejam benéficas a todos por serem consideradas economicamente viáveis, ambientalmente corretas e socialmente justas.

5.3 Design social

Tudo o que expusemos até este ponto da obra reitera que o design tem o potencial de exercer sobre a sociedade diferentes influências. Esses impactos revelam a importância de as atividades da área sempre serem guiadas por princípios éticos. Afinal, elas podem contribuir para a preservação do planeta e para o desenvolvimento econômico, tecnológico, cultural, ambiental e social.

O significado do vocábulo *social*, de acordo com Cipolla (2017), relaciona-se com as dinâmicas e estruturas da sociedade ou com algumas problemáticas sociais, como exclusão e pobreza. A respeito dessas duas vertentes relacionadas ao termo *social*, Cipolla (2017, p. 150) declara:

> Manzini (2015) ressalta um duplo significado comumente atribuído ao adjetivo "social". O primeiro deles é relativo a dinâmicas sociais e estruturas da sociedade. O segundo indica a existência de situações sociais particularmente problemáticas ou limitantes (como a exclusão social e a pobreza). Quando utilizado desta segunda forma, o termo "social" se torna sinônimo de uma condição restritiva de indivíduos e grupos específicos e que necessita de um enfrentamento. Tal enfrentamento pode consolidar-se na prática de design, segundo Manzini (2015) e a partir das afirmações dos pioneiros Papanek e Margolin descritas anteriormente, com a prática do "design social".

Não é novidade que o design desempenha um papel social, uma vez que trata-se de uma atividade produzida pela sociedade e para a sociedade, com claras funcionalidades e papéis. No entanto, a abordagem do design social não se resume a isso. Pazmino (2007) apresenta as principais diferenças entre o design social e o design para o mercado, conforme exposto no Quadro 5.1, a seguir.

Quadro 5.1 – **Design social e design formal**

Design social	Design formal
Pequena escala de produção	Grande escala de produção
Mercado: Local	Mercado: Local e Global
Tecnologia adequada	Alta tecnologia
Orientado à população de baixa renda, excluídos, idosos, deficientes	Orientado ao mercado
Maximiza a função prática	Maximiza a função simbólica
Baixo Custo	Custo médio e alto
Inclusão social	Satisfazer necessidades emocionais

Fonte: Pazmino, 2007, p. 4.

Em razão da usabilidade do design para o mercado, é possível identificar o design social por seus traços distintivos em relação à outra versão. Seu propósito é oferecer benefícios que tornem a sociedade mais justa, gerando inúmeros impactos positivos do ponto de vista social.

Design social é um conceito complexo que ainda está em construção. De acordo com Oliveira e Curtis (2018, p. 27), o design social é:

> A abordagem de um projeto de design, que inicia pela identificação de uma necessidade dos atores impactados e que visa solucionar um problema que atinge a comunidade enfocada. Um projeto de design social não tem necessariamente uma motivação ou finalidade econômica, parte de requisitos de caráter social e não técnicos e/ou mercadológicos, e deve envolver a comunidade e os atores impactados durante o processo criativo, trabalhando de maneira colaborativa.

Margolin e Margolin (2004) afirmam que, nessa modalidade do design, é necessário utilizar como recurso alguns objetos da assistência social, cujo principal objetivo é suprir as necessidades das populações injustiçadas ou marginalizadas. Nesse escopo, vários domínios são levados em consideração, tais como as características relativas a uma pessoa, família, grupo, organização ou comunidade, analisando-se os problemas específicos e suas relações com o ambiente que cerca esses atores sociais.

O trabalho do assistente social, no cerne de sua execução, consiste em primeiramente analisar variadas questões sob diferentes domínios antes de tomar alguma providência. Margolin e Margolin (2004, p. 44) explicam como essa análise ocorre:

> Os vários domínios que têm um impacto sobre o funcionamento humano são o biológico, psicológico, cultural, social, natural e físico/espacial. O domínio físico/espacial, que nos interessa, é constituído de todas as coisas criadas por seres humanos como objetos, edifícios, ruas, e sistemas de transporte. Áreas inadequadas ou fisicamente inferiores e produtos podem afetar a segurança, oportunidade social, nível de stress, sentimento de pertencer a um lugar, autoestima e até a saúde física de uma pessoa ou pessoas em uma comunidade. Uma adaptação pobre a um ou mais domínios-chave pode ser a raiz do problema no sistema do cliente, criando, neste sentido, uma necessidade humana.

Esses autores detalham que a busca por solução tem início com a análise dos assistentes sociais sobre os problemas que emergem naquela realidade. Todo o processo prático conta com a colaboração das partes envolvidas, assim como com a intervenção de outros profissionais da área dos serviços humanos.

Margolin e Margolin (2004) acrescentam que as etapas para o processo de solução das problemáticas sociais incluem, ao todo, seis estágios: (1) compromisso, (2) avaliação, (3) planejamento, (4) implementação, (5) estimativa e (6) finalização. Em cada um existe a possibilidade de participação de outros profissionais.

Os autores reforçam essa participação das áreas externas no trabalho de assistência social para ressaltar como o entendimento da necessidade do cliente pode aumentar a possibilidade de sucesso das soluções a serem desenvolvidas pelo designer. Essa consideração evidencia que o papel do design social é contribuir, por meio de suas criações, para o bem-estar humano das populações menos favorecidas social, cultural e economicamente. Tais soluções, segundo Pazmino (2007), situam-se na intercessão entre o que é socialmente benéfico e economicamente viável, como ilustra a Figura 5.1.

Figura 5.1 – **Design social**

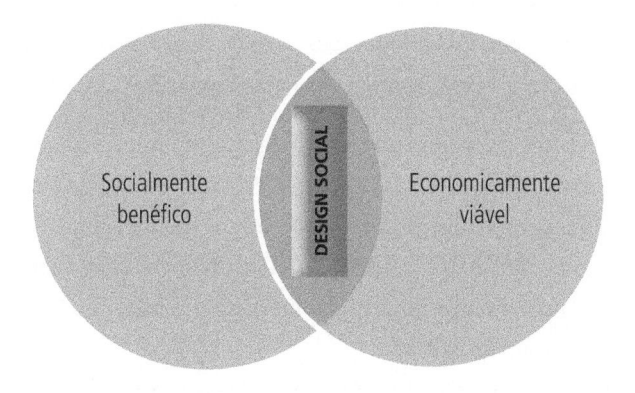

Socialmente benéfico

DESIGN SOCIAL

Economicamente viável

Fonte: Pazmino, 2007, p. 3.

Os fatores econômicos e sociais são pilares do projeto de design social e devem ser considerados pelo profissional no momento do desenvolvimento do produto com vistas a solucionar o problema por meio de funcionalidades e técnicas adequadas a cada realidade econômica.

O conceito de design social é assim reforçado por Mourão e Engler (2014, p. 333):

> O design social, com aplicabilidade na sociedade com objetivo de melhorar a qualidade de vida, pode ser definido como um método de planejamento de produtos ou serviços. Papanek (1984) defende o conceito de que os designers e profissionais de criação podem causar mudanças positivas para a sociedade através de um bom projeto de design. [...] O design agrega-se ao desenvolvimento de produtos e serviços, em áreas diversificadas que vão de agricultura à industrialização, com a função de atender às necessidades sociais. Penin (2006) elucida que o "Sistema Produto-Serviço" é resultado de uma atividade estratégica do design, entendida como a capacidade de promover novas formas de organização. Essas inovações em organizações estão estruturadas sob um novo sistema de valores e na aptidão para criar novas oportunidades. Podem desenvolver um sistema integrado de produtos e serviços economicamente viáveis e adequado à sociedade.

Essa afirmação atribui ao design social a importante responsabilidade de contribuir para a inclusão de indivíduos de camadas menos favorecidas "como um processo que leva a capacidades humanas" (Mourão; Engler, 2014, p. 333). O desenvolvimento das capacidades humanas auxilia na promoção da autogestão e do empoderamento do indivíduo marginalizado.

Sobre o papel social do profissional da área, Neves (2011, p. 49) advoga que "o designer deve ter a responsabilidade moral, social e profissional de se fazer ouvir como cidadão e trabalhar para que seus projetos sirvam à sociedade". Portanto, o trabalho dos designers não deve ser voltado exclusivamente aos projetos que oferecem retornos econômicos, mas devem também se dedicar aos que envolvem **inovação social**.

De acordo com Oliveira e Curtis (2018, p. 28):

> No documento This is European Social Innovation (2010), inovação social é definida como o desenvolvimento e implementação de novas ideias, independentemente de ser um serviço ou produto, para satisfazer necessidades sociais, para melhorar a qualidade de vida das pessoas, além de ser social tanto no seu meio como no seu fim, criando novas relações sociais e colaborações. Inovações sociais se referem a atividades e serviços motivados a atender uma necessidade social referente a setores vulneráveis como população idosa, doenças crônicas, obesidade e outros problemas comportamentais como vícios em drogas, e desafios decorrentes das mudanças climáticas. Inovações sociais se referem a atividades e serviços motivados a atender uma necessidade social referente a setores vulneráveis como população idosa, doenças crônicas, obesidade e outros problemas comportamentais como vícios em drogas, e desafios decorrentes das mudanças climáticas.

Esses autores assinalam que os projetos que se caracterizam como inovação social tendem a envolver aspectos como a promoção de mudanças de forma sustentável, as quais são efetivadas graças à participação ativa dos cidadãos. As inovações podem ser imateriais ou intangíveis, tais como os serviços; podem ser processos, que se completam com a participação dos usuários. Além disso, as inovações devem contar com a contribuição de um conjunto de atores e focar em problemas socioambientais ignorados pelos poderes públicos e por outros entes que compõem a sociedade.

O design social é uma área com grande potencial de crescimento, e seus projetos tendem a beneficiar a vida da maior parcela da população, que é a de renda baixa. O designer, por meio de suas atividades laborais, pode auxiliar a desenvolver soluções que tendem a se multiplicar por todo o planeta, quando bem adequadas às necessidades reais das camadas menos favorecidas da sociedade. O design social requer do profissional novas habilidades, qualidades, valores e conhecimentos que valorizem as questões sociais.

5.3.1 *Design for all* e similares

A questão da inclusão, comentada na seção anterior, estende-se para além de seu direcionamento para a população de baixa renda. A inclusão trata de questões referentes às pessoas que não conseguem ser autônomas em seus desejos e necessidades em razão de dificuldades de mobilidade ou outros tipos de dificuldades relativas à dimensão física.

As dificuldades que as pessoas com essas condições específicas enfrentam revelam a necessidade de desenvolver recursos que apoiem e solucionem o acesso e a autonomia. Gonçalves (2018) comenta que o acesso físico favorece o processo de desenvolvimento, aprendizagem e participação social dos indivíduos portadores de deficiências.

Eis aí a razão para os profissionais do design investirem esforços para propor soluções que proporcionem a inclusão de pessoas com deficiência. Nessa perspectiva surge o *design for all*. Sobre essa modalidade, Gonçalves (2018, p. 11) informa:

De uma forma geral, pode-se dizer que o *Design for All*, design inclusivo, ou chamado também por design universal, significa o design para todos e tem como finalidade a criação de produtos, de ambientes e de serviços usáveis na medida do possível por todos, independentemente da idade, aptidão, ou dimensão física (perda de autonomia ou algum tipo de deficiência). Isto é, estuda o maior número de possibilidades de uso, quer de um objeto quer de ambientes e serviços pelo maior número de pessoas.

O *design for all*, ou design inclusivo, não se restringe ao desenvolvimento de um produto que atenda de forma individual a pessoa com deficiência; seu propósito é encontrar maneiras para que todas as pessoas consigam ter o mesmo tipo de acesso a determinados recursos. Em síntese, a principal função dessa área é incluir pessoas portadoras de alguma deficiência no ambiente comum a todos.

O [Design Inclusivo] DI, também conhecido como Design Universal e Design para todos (*Design for all*) é uma abordagem de projeto que busca incorporar a diversidade de uso, ou seja, objetiva considerar o maior número de pessoas possível na elaboração de produtos, serviços ou ambientes. Portanto, é uma filosofia a ser adotada na condução de todo o processo de desenvolvimento de um projeto. A necessidade desta prática se dá na percepção da diversidade humana e na necessidade de considerá-la. A inclusão de pessoas com ou sem limitações atípicas na elaboração de objetos de uso comum a todos corrobora a igualdade de oportunidades e uma vida mais prática e independente. (Gomes; Quaresma, 2016, p. 3144)

Apesar de ser um campo com poucos estudos publicados, a urgência e o debate sobre essa necessidade não é algo recente. Gomes e Quaresma (2016) demonstram que a pobreza literária sobre o assunto tem uma causa estrutural e governamental. Eles ressaltam, porém, que, sendo o design uma área que estimula transformações sociais, sua adaptação à vertente inclusiva pode ser uma das soluções para essa dificuldade da sociedade.

Reconhecer que o design é uma ferramenta de potencial transformação das condições tradicionais da sociedade é ter a esperança de melhorias em muitos cenários e aspectos dos recursos sociais. De acordo com Cardoso (2008), uma das metas e das responsabilidades do designer é questionar a alienação e a exclusão das pessoas com deficiências e com base nessa observação construir soluções que atendam a suas necessidades.

Sierra, Okimoto e Beccari (2019) dissertam sobre o papel do design no que se refere ao desenvolvimento de soluções para pessoas com deficiências de maneira inclusiva e consciente. Desse modo, os autores distinguem dois modelos conceituais: o social e o individual.

> Ressalta-se que os dois modelos abordados propõem que, de maneira a equiparar as PcD às pessoas consideradas sem deficiência, pode-se, através da cura individual ou da mudança social, garantir-lhes maior qualidade de vida e dignidade social sem necessariamente haver uma concepção paternalista, segundo a qual as PcD deveriam ser ajudadas por serem pessoas inferiores. (Sierra; Okimoto; Beccari, 2019, p. 143)

As distinções entre os dois modelos apontadas por esses autores constam no Quadro 5.2, a seguir.

Quadro 5.2 – **Diferenças de abordagem entre o modelo social e o individual**

Modelo	Social	Individual
Teoria	Opressão social	Tragédia pessoal
Problema	Da sociedade	Do indivíduo
Resolução	Mudança social	Cura individual
Tratamento	Políticas públicas	Medicalização
Deficiência	Traço identitário	Doença
Prejuízo	Discriminação	Desvantagem
Responsabilidade	Sociedade	Médica/assistencial

Fonte: Sierra; Okimoto; Beccari, 2019, p.143.

Os autores declaram que a abordagem demonstrada no quadro no que concerne ao modelo social se refere às mudanças que devem ser construídas na sociedade, com o propósito de promover a participação igualitária de todos os indivíduos. Já o modelo individual ilustra os pontos de atenção para que a pessoa seja efetivamente inserida na sociedade.

Sierra, Okimoto e Beccari (2019, p. 143) acrescentam que:

> Ao desenvolver soluções bem adequadas aos usuários e ao contexto, o designer realiza um papel de transformador social (CARDOSO, 2004; LÖBACH, 2001; PAPANEK; FULLER, 1972). Nesse sentido, o conceito de design corresponde mais ao modelo social do que ao modelo individual. No entanto, o design também age diretamente na solução de problemas individuais (BONSIEPE, 2011) ao desenvolver recursos e produtos especialmente para PcD, conhecidos como tecnologia assistiva (TA).

Assim sendo, independentemente do modelo, a continuidade dos estudos e do trabalho em torno dessa temática é de extrema importância para a melhoria das questões sociais atinentes à acessibilidade e à inclusão das pessoas com deficiência na sociedade.

O designer, para cumprir seu compromisso ético e moral e para se destacar como profissional em seu mercado de atuação, deve desenvolver habilidades e buscar conhecimentos que ampliem sua capacidade de desenvolver produtos que levem em consideração tanto o modelo individual quanto o social. Com isso, pode proporcionar mais possibilidades de autonomia e qualidade de vida ao indivíduo portador de deficiência e contribuir para a promoção da igualdade e da acessibilidade das pessoas com deficiência.

5.4 Design aberto

Você já ouviu falar de design aberto ou *open design*? Como é sabido, a tecnologia vem transformando o modo de realizar muitas atividades cotidianas, e essa ferramenta influenciou também no modo como o design é feito, como as pessoas atuam no processo de criação e desenvolvimento e, ainda, como essa vertente do design promove transformação social.

Nos últimos anos, a aliança com as tecnologias de informação, comunicação, conhecimento e fabricação fez emergir uma nova concepção na área: a abertura do design.

Sobre o termo *abertura*, Cabeza, Moura e Rossi (2014, p. 57) afirmam:

> O conceito de abertura tem abarcado diferentes campos do conhecimento, como a filosofia, a política, as artes, a psicologia, as ciências naturais e a inovação, entre

outros. O conceito foi potencializado com as tecnologias da informação e a comunicação por meio das práticas da cultura *hacker* no *software* livre e aberto, que permitiram a construção de *software* de baixo para cima, com certas normas de liberdade para evitar sua privatização, fazendo possível o modo de produção *Commons-based peer production*, cujas práticas foram espalhadas por muitos campos do conhecimento, não só os digitais, mas também os físicos e analógicos com as tecnologias de fabricação digital.

Na perspectiva do conceito aberto, o design passa a ser uma ferramenta colaborativa que, de acordo com Pereira Junior, Farbiarz e Spitz (2016), percorre o caminho contrário do design industrial ou de massa, sendo uma vertente voltada para o bem comum da sociedade. Esse novo paradigma de produção seria, na opinião dos autores, estimulado pelas tecnologias de redes interconectadas, tornando-se assim, mais colaborativo, aberto e socialmente justo.

Para Cabeza, Moura e Rossi (2014), o conceito aberto permite que novas formas, ferramentas e metodologias sejam criadas no âmbito do design, favorecendo a promoção da inovação social. Consequentemente, os atores das comunidades fundamentados em seus costumes e cultura passam a desenvolver novas formas de resolver problemas, adotando os princípios de autonomia e autogestão, já que não dependem mais da disponibilidade de sistemas concedidos por organizações centralizadoras.

O design aberto surge, então, como uma resposta ao modelo de produção da sociedade industrial para a sociedade informacional, fazendo emergir "novos cenários de inovação tecnológica e inovação social [e] abrindo novas oportunidades para a atuação do Design" (Pereira Junior; Farbiarz; Spitz, 2016, p. 120). Nesse formato, o design se torna uma fonte de produtividade e conhecimento, abrindo caminhos mais democráticos de acesso à sua prática.

Esse modelo, por ainda ser uma abordagem relativamente pouco conhecida e, portanto, raras vezes abordada na literatura, não dispõe de um conceito definido. Diante disso, Cabeza, Moura e Rossi (2014, p. 60) formularam a seguinte definição:

> O Open Design implica, agora, projetar serviços abertos, produtos abertos, sistemas abertos e sociedades abertas; é uma filosofia projetiva do ambiente humano, que, por meio da inovação social ou coletiva, oferece soluções diferentes, autogestadas, que nem o Estado nem os modelos lineares oferecem.

As novas formas de fazer as coisas alinhadas ao conceito aberto, carregam algumas características relacionadas à aprendizagem. Segundo Pereira Junior, Farbiarz e Spitz (2016), essa aprendizagem se baseia em três aspectos fundamentais: (1) amplo acesso aos objetos de conhecimento (conteúdo não proprietário, de acesso livre); (2) redes de intercâmbio de habilidades não autoritárias (convívio de aprendizagem em vez de aprendizagem por autoridade professoral); e (3) redes de colaboração entre pares.

Os cenários de produção social do design aberto são construídos com base em linguagens próprias, integrando fatores culturais das comunidades envolvidas no processo voluntário de criação. Além disso, os princípios de inovação social possibilitam o desenvolvimento de novas formas de economia baseadas em modelos inovadores de produção e consumo.

Nas palavras de Cabeza, Moura e Rossi (2014, p. 61):

Ao estar baseada a economia do design nos bens comuns, surge um novo modelo econômico: o trabalho voluntário toma preponderância, surge o consumo colaborativo e se criam novas formas de intercâmbio, não necessariamente baseadas no dinheiro, como a troca de conhecimentos, produtos, serviços ou tempo, como no caso dos websites Bliive ou timerepublik, ou mesmo moedas digitais independentes dos bancos centrais, como o Bitcoin e litcoin, entre outras. Muitas das ideias e projetos desenvolvidos no ambiente open são financiados pelas mesmas comunidades, mediante seus próprios sistemas de financiamento coletivo (*crowdfunding*), como Catarse, Kickante e Impulso, que são submetidas ao público, que decide os projetos que irá financiar.

A integração do design com o conceito aberto une a capacidade de modificação com a realidade dos fatos sociais da atualidade, aumentando a possibilidade de promover mudanças solucionadoras para o mundo. Segundo Pereira Junior, Farbiarz e Spitz (2016, p. 124):

> À medida em que o Design se abre para o coletivo, o designer passa a atuar não mais para um público alvo, mas em colaboração com o público, em conjunto com atores empoderados e autônomos. Neste cenário, podemos vislumbrar a potência do Design como um agente de transformação social.

Portanto, o conceito aberto de design é mais um modelo que abre diversas oportunidades de diferenciação para o designer. O destaque do profissional no mercado, no âmbito do design aberto, está diretamente associado a sua capacidade de desenvolver competências para atuar no propósito da transformação social e se adaptar a essa nova forma de produção do design, mais aberto, democrático, inovador e colaborativo.

Vanzyst/Shutterstock

CAPÍTULO 6

DESIGN E ECONOMIA

Neste capítulo final, versaremos sobre a associação entre design e diferentes paradigmas econômicos. Para isso, detalharemos os modelos econômicos e explicaremos como o design se aplica a cada um deles. Além disso, demonstraremos como o funcionamento de cada paradigma interfere e promove a transformação da sociedade.

Na leitura dos capítulos anteriores, você já deve ter percebido que o design é um recurso importante para a geração de volumes e de atividades econômicas, desempenhando forte e ativa participação no cotidiano da sociedade. A transversalidade nos horizontes de tempo e de espaço leva à modificação das formas de movimentação econômica. Clarificaremos essa dinâmica ao tratar da relação entre o design e os paradigmas da economia.

6.1 O design nos paradigmas da economia

Você sabia que, para se chegar ao nível de popularização e de usabilidade do design atual, houve uma extensa evolução histórica e acontecimentos importantes desde o momento de sua criação?

A análise desses acontecimentos evidencia que, por meio de um comportamento de retroalimentação cíclica, a sociedade e suas formas de desenvolvimento econômico – em associação com as atividades ditas *projetuais*, que correspondem às atuações características do design – evoluíram em conjunto.

Para clarificar esse tema, contextualizaremos o design em diferentes momentos da economia. Inicialmente, abordaremos o período pré-industrial; em um segundo momento, o período industrial; e, mais adiante, discorreremos sobre o período que atingiu o nível de economia da experiência. Os três paradigmas econômicos correspondem a uma sequência temporal conforme expresso no Quadro 6.1.

Quadro 6.1 – **Sequência temporal dos paradigmas econômicos**

Paradigma econômico	Período histórico	Obra e autor de referência
Economia pré-industrial	Inicia-se, timidamente, no século XV, tomando mais impulso do século XVII ao início do século XVIII.	*O mundo que nós perdemos: da solidariedade pré-industrial à economia solidária*, de Souza (2008).
Economia industrial	Inicia-se no século XVII e é marcado, no século XVIII, pela Revolução Industrial, até a Era Pós-Industrial, em meados do século XIX.	*Industrialização e política econômica: uma interpretação em perspectiva histórica*, de Suzigan (1975); *Relações sincrônicas e diacrônicas na prática jornalística: do período industrial ao pós-industrial*, de Santos e Santi (2017).
Economia de experiência	O conceito foi criado em 1999 e se estende até os dias atuais.	*A economia da experiência*, de Pine e Gilmore (2001); *Experiência, hospitalidade e intenção de retorno: um estudo exploratório com visitantes do Beach Park*, de Xavier (2019).

As informações dispostas no quadro equivalem a uma linha de evolução dos paradigmas da economia. Concomitantemente, ocorreu a evolução do design até os dias atuais em razão de sua estreita relação com as atividades e com o desenvolvimento econômico.

6.1.1 **Design na economia pré-industrial**

No período pré-industrial (anterior à Revolução Industrial), ocorreu a transição das formas de produção manufaturadas para os métodos de maquinofatura (introdução de máquinas e de equipamentos no processo de produção) e de meios industriais (Shigunov Neto; Maciel, 2006).

Os sistemas de produção tiveram de ser melhorados gradualmente para elevar a produtividade e para atender à demanda da população da época, que estava em pleno crescimento. No entanto, antes do aperfeiçoamento dos métodos, que, anos depois, resultaria na industrialização, a economia entre os séculos XV e o início do século XVIII primava pela agricultura e pela manufatura (ou produção do tipo artesanal). De acordo com Mota, Silva e Karki (2016, p. 1):

> A economia dos séculos XVII e XVIII caracterizava-se pelo predomínio da agricultura tradicional e por manufaturas do tipo artesanal, sendo por isso designada por economia pré-industrial. A maior parte da população trabalhava na agricultura. No entanto, não se produzia o suficiente para suprir as necessidades. Em anos de calamidades ou de chuvas intensas e invernos rigorosos, a produtividade agrícola era largamente afetada, gerando crises de subsistência.

Em razão de crises que provocaram falta de alimentos e de produtos básicos, fez-se essencial o desenvolvimento de algumas técnicas que aumentassem a produção dos recursos de consumo, com o intuito de prevenir os momentos de crise. Nesse momento, surgiram iniciativas de design, por meio do desenvolvimento de equipamentos e de produtos adequados às particularidades das pessoas. Sobre a iniciativa do design como ferramenta de geração da economia no período pré-industrial, Azevedo (2017, p. 18) disserta:

> a confecção de um objeto, principalmente antes da passagem do século, era função do artesão. Com suas mãos hábeis, e com a influência do design que passava de pai para filho, cabia a ele confeccionar um objeto único. Com isso, o mundo era povoado por objetos únicos como uma cadeira, uma mesa, uma tina d'água, ou seja, objetos que eram feitos um a um, tendo seu design refletido pelo estilo que cada artesão desempenhava conforme os objetos que fazia – muitas vezes objetos personalizados feitos para famílias importantes.

Nesse momento da história, o *design*, apesar de não ter essa denominação, era uma prática que gerava produtos ou artefatos móveis e era aplicada às atividades artesanais. A esse respeito, Cardoso (2008) informa que o design, a arte e o artesanato têm muito em comum, embora, na época, essa associação não fosse possível, pois o conceito de design somente foi caracterizado tempos depois.

Conforme Shigunov Neto e Maciel (2006), a economia do período pré-industrial se apoiava, basicamente, em processos de produção manual com o auxílio de alguns métodos, como ferramentas e equipamentos fabricados pelos próprios produtores. Ao perceberem que esses recursos aumentavam a produção e favoreciam o trabalho, esses artesãos passaram a se dedicar para melhorá-los. Na continuidade desse processo evolutivo, a sociedade presenciou um momento em que as máquinas, em união com eletricidade e com outros combustíveis, passaram a produzir em grande quantidade e a atender às crescentes necessidades da população.

Dessa forma, na transição do século XVII para o XVIII, as atividades econômicas fundamentadas na agricultura e nas produções artesanais cederam lugar aos produtos industrializados. Nesse contexto nasceu o período de economia industrial.

6.1.2 Design na economia industrial

a satisfação das necessidades é norteadora das atividades econômicas, que existem porque as pessoas precisam adquirir produtos e serviços dos quais dependem para sobreviver e para evoluir no ambiente social.

Enfaticamente, no século XVIII, o crescimento populacional exigia aumentos exponenciais na produção de itens de primeira necessidade; e na quantidade de postos de trabalho, de que proviria a renda para adquirir tais produtos. Diante desse cenário, a corrida para aprimorar os processos produtivos se tornou o principal desafio dos grandes proprietários de meios de produção. Guimarães e Silva (2017, p. 2) registram que houve a ocorrência de "um conjunto de mudanças nos meios de produção por meio de um sistema de fabricação que acelerou a produtividade, reduziu os custos e elevou a quantidade de produtos. A esse evento, denomina-se Revolução Industrial". O evento citado pelos autores é caracterizado pela invenção de máquinas e pela descoberta de fontes de energia que poderiam substituir as forças animal e humana, modificando profundamente os modos de produção e o sistema econômico.

Todo esse contexto favorecia o fortalecimento do consumo em altos níveis, originando a cultura do consumo. Nesse novo cenário, para dar vazão aos produtos, utilizavam-se mecanismos projetuais que reuniam elementos de funcionalidade e de utilidade que justificassem seu consumo perante o público. Reconhecendo esse fenômeno, Guimarães e Silva (2017, p. 2) sustentam que "é nesse momento que começa a se diferenciar na cadeia produtiva aquele que projetava o produto e aquele que o executava e, assim, o design começa a se firmar no segundo período industrial". Sobre o assunto, Moraes (1997, p. 23), por sua vez, entende que:

> [...] cultura industrial iniciou-se com a Revolução Industrial na segunda metade do século XVIII, na Inglaterra. Primeiro com a mecanização das indústrias têxteis; em seguida com as áreas dos manufaturados tradicionais – cerâmicas, porcelanas, utensílios metálicos e objetos em vidro.

Guimarães e Silva (2017) relatam que, nesse período, o foco nos aspectos dos produtos posicionou o design no centro das preocupações; afinal, por meio da estética, ele poderia ajudar a provocar os desejos dos consumidores, impulsionando, assim, a economia. O design, na economia de caráter prioritariamente industrial, atravessou o século XIX com a intensa criação de produtos e chegou ao século XX com propensões mais humanistas.

Nessa perspectiva, Guimarães e Silva (2017, p. 2) apontam que o design evoluiu, passando pelas seguintes etapas: "produtos (Revolução Industrial); bens, informação e identidades (desde o início do consumismo, em 1950); interfaces (desde o computador pessoal); redes de multiusuários (desde a internet, anos 90); planejamentos e discursos". Percebe-se uma migração do papel do design no decorrer do século XX, focando na funcionalidade de produtos e serviços.

A esse respeito, Bürdek (2010, p. 7) comenta:

podemos assegurar que o tradicional termo "produto" está em mutação. Hoje não se trata apenas do "hardware" (do objeto em si), mas muitas vezes também do "software", na forma de interfaces ou de superfícies de uso que são configurados pelo designer. No exemplo da indústria das telecomunicações, fica claro que frequentemente se trata dos serviços que devem ser configurados na forma que vem de encontro à aceitação dos usuários que para os mesmos devem pagar taxas não insignificantes. Mais longe ainda alcança o termo do design de eventos: em feiras e exposições, os produtos são hoje celebrados e encenados, por exemplo, podemos citar os casos dos novos automóveis que são lançados no mercado com gigantescos investimentos.

Portanto, o design evoluiu a tal ponto que, no século XX, assumiu uma forma mais abstrata, envolvendo os aspectos emocionais que proporcionam ao consumidor experiências que o convencem do consumo. Nota-se, assim, a influência do design em um diferente paradigma econômico, mais focado nas sensações dos indivíduos.

6.1.3 Design na economia da experiência

Os desdobramentos dos paradigmas da economia não se restringem ao consumo de produtos ou de bens materiais e palpáveis. É possível agora vender experiências e capitalizar empresas e negócios ao utilizar as sensações e as emoções do público consumidor. Essa forma de economia se denomina *economia da experiência*. Segundo Ribeiro e Coelho (2007, p. 2), "[a] 'economia da experiência' é um tema relativamente novo para as ciências de gestão e ainda encontra certa resistência para suas inferências acerca de um quarto setor da economia". Esse paradigma pode se adequar ao crescimento da indústria, no Brasil e no mundo, no setor da prestação de serviços, incluindo o turismo.

Esse conceito foi instituído por Joseph Pine e James Gilmore, especialistas em mercado da Universidade de Harvard, em 1999. O termo se refere ao incentivo ao consumo por meio de campanhas de promoção e de venda baseadas na vivência de experiências únicas. A venda, nesse caso, deve ser um evento e marcar a memória dos clientes, envolvendo aspectos emocionais e sensoriais para fazer a marca ser lembrada.

O conceito instituído por Pine e Gilmore (2001) – de que, na economia da experiência, o verbo *ter* começa a dar espaço para o verbo *viver* – é detalhado por Ribeiro e Coelho (2007, p. 2):

> [a] proposta é que quando se paga por um serviço, compra-se uma série de atividades que serão realizadas em seu nome. No caso da experiência, adquire-se uma série de eventos memoráveis que o(a) afetam de uma maneira particular. Na economia da experiência, uma empresa deixa de oferecer produtos ou serviços simplesmente e passa a lidar com sensações, heranças culturais ou opções pessoais. O valor econômico dessa relação não está só na conquista ou fidelização do cliente, mas na valorização de um mesmo produto por conta de sua condição especial para aquele determinado cliente, assim como em sua capacidade de se eternizar. Por se tratar de um tema muito próximo de atividades de entretenimento, é muito comum confundi-lo com serviços que lidam exclusivamente com o lazer, embora a experiência possa acontecer em outras áreas e com produtos que, inicialmente, seriam commodities. A proposição de experiências não é simplesmente o ato de entreter clientes, mas o de engajá-los no processo.

Diante dessa realidade, inúmeras pesquisas são realizadas com o intuito de utilizar o design estrategicamente, em todas as suas formas.

Segundo Chiaradia (2019), recorreu-se, assim, à psicologia para compreender o impacto dos espaços físicos no comportamento humano.

De acordo com Mikunda (2004), os espaços físicos das lojas e de ambientes em que funcionam atividades comerciais são compostos de elementos do design que visam atrair os clientes e aumentar seu tempo de permanência no local. Os espaços, normalmente, incluem arte, cultura e consumo, enriquecendo a experiência de compra. Carú e Cova (2007, citados por Chiaradia, 2019, p. 22) definem três tipos de experiências adotados pelos varejistas:

a) Construída pelos consumidores: varejo tradicional – o consumidor que organiza sua própria experiência, normalmente são comércios locais. Exemplo: mercearias, supermercados, restaurantes executivos.

b) Codesenvolvido: empresa fornece uma plataforma experiencial sobre qual o consumidor pode desenvolver sua própria experiência. Exemplo: o Starbucks ao mesmo tempo que entrega uma experiência para o cliente através da sua identidade de marca, permite que o consumidor ocupe o espaço à sua maneira, para descanso, trabalho, encontro com os amigos.

c) Experiências projetadas: a empresa planeja todos os detalhes da experiência, neste caso, os consumidores estão imersos em um contexto de natureza hiper-real. Exemplo: Hard Rock Café; Rainforest Café; parques da Disney; Mc Donald's.

O trabalho do designer nesses ambientes requer habilidades de reconhecimento e de reprodução dos valores da empresa com uma linguagem de fácil compreensão pelo cliente, por meio dos aspectos do design que incluam fatores estéticos, funcionais e comerciais e que atendam às regulamentações da legislação (Chiaradia, 2019). Tudo deve ser orientado a despertar sensações e favorecer a experiência do consumidor

6.1.4 Design na economia do conhecimento

O processo de globalização e a revolução tecnológica favorecem a velocidade de transferência do conhecimento. Atualmente, vivemos na sociedade do conhecimento, e isso, de fato, alterou a forma de organização social, promovendo fortes impactos na economia. Por isso, é comum, no ambiente de informação, o emprego da expressão *economia do conhecimento*, que remete ao uso de recursos de conhecimento para a geração de retornos econômicos.

Tal conceito é um desdobramento dos avanços tecnológicos que implicaram mudanças das economias avançadas, mas não é algo tão recente. Segundo Guile (2008, p. 613), o conceito foi cunhado por Peter Drucker, na década de 1960, "para se referir à aplicação do conhecimento em qualquer campo ou fonte, novo ou velho, como estímulo ao desenvolvimento econômico". Além disso, o autor comenta que o conceito amadureceu, mais tarde, nas mãos de Daniel Bell, que explicava, com maior clareza, o impacto do conhecimento nas economias industriais:

> O conhecimento teórico teria adquirido esse novo papel porque a mudança de uma economia de produção para uma economia de serviços significava que: "quando o conhecimento se torna envolvido de alguma forma sistemática na transformação aplicada dos recursos, então pode-se dizer que o conhecimento, não o trabalho, é a fonte de valor" (Bell, 1979, p. 169). Assim, o caráter e a riqueza das sociedades industriais avançadas passam a ser determinados por uma "teoria do valor do conhecimento", uma vez que o conhecimento teórico servia a dois propósitos principais: sua aplicação por meio do processo de Pesquisa e Desenvolvimento – P&D – consistia na principal fonte de inovação e ele era essencial para a formulação de políticas de auxílio ao planejamento. (Guille, 2008, p. 613)

As abordagens teóricas demonstram que, nesse paradigma econômico, um dos ativos mais importantes para a geração de lucros e para a promoção de avanço industrial corresponde ao valor do conhecimento que cada indústria tem e desenvolve. Na literatura, já por volta dos anos 2000, esse paradigma econômico foi associado às tecnologias da informação e da comunicação (TICs), tecnologias concentradas na base da economia do conhecimento.

Sobre as TICs, Lastres et al. (2002, p. 61) expressam que:

> As Tecnologias da Informação e Comunicação (TIC) exercem papel central como fatores de dinamismo do novo padrão, impulsionando um conjunto de inovações técnico-científicas, organizacionais, sociais e institucionais e gerando novas possibilidades de retorno econômico e social nas mais variadas atividades. Por isso são atualmente consideradas como as principais difusoras de progresso técnico. Sua importância no novo padrão torna a capacitação na produção e desenvolvimento das TIC um elemento estratégico das políticas de diferentes países.

A sociedade da informação não se formou somente graças a fatores tecnológicos. As transformações perpetradas por esse novo contexto são, potencialmente, as de maior impacto desde a Revolução Industrial e influenciam a organização tanto dos modelos econômicos quanto da sociedade em si. A gestão dessas mudanças representa, atualmente, grande desafio para as organizações e para os Estados, embora possibilite e democratize o crescimento de novos negócios.

A combinação de inovação tecnológica e conhecimento favorece a disseminação do comércio por outros meios, como o eletrônico, que se expande rapidamente, levando as empresas a repensarem seus processos comerciais e a desenvolver novas formas de organização e novas relações comerciais, mais racionalizadas e eficientes.

Lima (2020) reforça que as modificações geradas por fatores tecnológicos e de informação na tecnologia do conhecimento engendram a produção de bens e de serviços baseados, prioritariamente, no conhecimento humano e na inventividade. Como consequência, há uma alteração em sua posição nas cadeias de valor regionais e globais, em virtude de seu caráter de informação.

O autor sustenta que fatores como P&D, design, marketing e outros serviços tendem a ter maior valor agregado em uma cadeia produtiva, desde os estágios de pré-produção aos de pós-produção. Em tal paradigma econômico, esses recursos são mais valorizados e sofisticados do que os serviços de custos, que tendem a ser mais próximos do centro da cadeia de produção, na prática.

A economia do conhecimento é um ambiente muito favorável para as pequenas e médias empresas, que apresentam uma forte capacidade inovadora, apesar de terem uma menor liberdade de crédito. Diante disso, essas empresas utilizam o design, entre outros recursos, para fortalecer suas estratégias de diferenciação e sua competitividade, superando, assim, suas limitações financeiras e conquistando oportunidades.

Sobre esse aspecto, La Rovere (1999, p. 34) apresenta a seguinte análise:

> grandes firmas têm uma série de vantagens para inovar em relação às pequenas, como: maior acesso a crédito, economias de escala em P&D e maior poder político (Marcum, 1992), além de maiores chances de desenvolver e implementar o que se tornará o "design dominante" de uma indústria (Utterback e Suarez, 1993). As PMEs também têm condições de crédito menos favoráveis que as grandes empresas (Acs e Audrestch, 1992) e, portanto, são mais sensíveis aos ciclos econômicos. Finalmente, as pequenas e médias empresas têm menor acesso a informações

tecnológicas, e, portanto, podem ser menos propensas à inovação. As políticas de inovação voltadas para as PMEs tentam das a essas empresas condições para superar suas limitações.

La Rovere acrescenta que a competitividade de pequenas e médias empresas em um ambiente de informação como a internet pode ser garantida mediante a geração de conteúdo, as interações com clientes e a estética do ambiente eletrônico. Nesse aspecto, o design atua como uma importante ferramenta de fortalecimento dos negócios do paradigma econômico do conhecimento.

6.1.5 Design na economia da transformação

Conforme temos comentado ao longo desta obra, os efeitos de um mundo interconectado globalmente impactam muito fortemente nos modelos econômicos, fazendo nascer vários modelos que se integram e funcionam em conjunto. O termo *economia de transformação*, por ser um conceito ainda muito recente e em construção, não dispõe de uma definição consolidada na literatura.

Cavalletti (2020) faz algumas associações desse modelo econômico com alguns processos de desconstrução observados atualmente. A economia de transformação implanta mudanças na forma como as pessoas experimentam elementos básicos e naturais de um tempo para outro.

A economia de transformação não modifica apenas as relações comerciais de consumo, mas também a forma como as pessoas se comportam, os valores morais em que acreditam e as ideologias que passam a defender – ou seja, ocorrem profundas transformações sociais e de estilo de vida.

Ainda de acordo com Cavalletii (2020), as mudanças impactam pátrias, famílias, religiões, empresas, marcas, entre outros atores sociais e, por esse motivo, a economia de transformação já está tomando mais espaço do que a economia de experiência. Isso se explica pelo fato de as empresas entregarem experiências transformadoras enquanto vivem a própria transformação. Em relação a esse aspecto da vivência da transformação, Cavalletti (2020) demonstra que:

> O pulo do gato é promover inovações em pequenos ciclos, onde os riscos estão distribuídos e as possibilidades estratégicas e criativas, maximizadas. Vão descobrindo a medida de uma dinâmica que avança permanentemente, resolvendo os problemas emergentes e construindo criativamente sobre as oportunidades. Estão focadas na realização de seus propósitos. É um processo flexível de educação e preparação contínua, em todas as dimensões, de dentro para fora e de fora para dentro.

A experiência que os consumidores vivem, nesse caso, transforma, de uma maneira muito permanente, sua realidade. Diante disso, Buczynski (2020) considera que:

> o consumo seria, nesta nova realidade, uma ponte entre as aspirações de um consumidor em busca de transformações sustentáveis e duráveis e as empresas, com sua capacidade de guiar e extrair através de seu propósito e razão de existência, um mundo mais consciente e melhor.

Essa experiência eleva o nível de consciência e de exigência dos consumidores ante muitos valores. Nesse aspecto, o design é utilizado de maneira inovadora e em conjunto com os recursos tecnológicos e de informação. Para ter sucesso nessa nova tendência econômica, o designer precisa estar atento à direção em que a sociedade caminha, pois isso indica e conduz as mudanças vindouras.

6.2 Design e produção

Você já parou para pensar como seria o processo de produção sem qualquer planejamento de design? No contexto de produção, o papel dessa área de conhecimento é ativo e indispensável, tanto na vertente industrial quanto no modo artesanal e exclusivo.

6.2.1 Design na produção industrial

A produção industrial compreende as atividades que envolvem a transformação física, química e biológica de materiais, de substâncias e de componentes com a finalidade de gerar produtos novos. Os materiais, as substâncias e os componentes transformados são insumos produzidos nas atividades agrícolas, florestais, de mineração, da pesca e produtos de outras atividades industriais.

O designer atua no setor industrial, adaptando seu projeto criativo a cada novo lote de desenvolvimento de produtos. O mercado de trabalho da produção industrial é competitivo para o designer, uma vez que suas funções podem ser atribuídas a outros profissionais, como engenheiros mecânicos, designers de produto e engenheiros de produção.

Além dos segmentos da indústria mobiliária, da moda e da construção civil, que cobrem diversas possibilidades de ofícios dos designers, o Serviço Brasileiro de Apoio as Micro e Pequenas Empresas (Sebrae) disponibiliza outras opções dos setores de atividades industriais, abrangendo exemplos de tarefas direcionadas a segmentos da atividade comercial varejista, porém com uma abrangência de tarefas mais reduzida, mas não menos importante.

Por exemplo, o setor industrial de petróleo e de gás que, diferentemente de outros segmentos, não envolve o trabalho do designer naquilo que se refere a influenciar o público pela estética, mas pela qualidade e pelos benefícios de usabilidade. Nesse caso, o papel do design não impacta a atividade do comércio varejista pelo aspecto da aparência.

A variedade de atividades potencialmente desenvolvidas pelo design na produção industrial de diversos setores produtivos evidencia sua capacidade de agregar valor e qualidade ao produto ou serviço por meio de seu trabalho, demonstrando a ampla possibilidade de contratação que o mercado industrial dispõe para o designer.

6.2.2 Design na produção artesanal

A história do artesanato tem estreita ligação com o convívio do homem no ambiente natural, uma vez que o artesão cria e produz seus artefatos com os recursos extraídos do ambiente em que vive. Segundo Freitas, Costa e Menezes (2008, p. 3998), um artesão é:

> aquele que faz, com as mãos, objetos utilitários imprimindo-lhes cunho pessoal, e o artesanato, como o produto, objeto ou artefato feito manualmente ou com a utilização de meios tradicionais ou rudimentares, com habilidade técnica, qualidade e originalidade, e que tem como finalidade a sua comercialização.

Segundo Serafim (2015), a relação entre o design e o artesanato deve integrar técnicas construtivas e ser pensada de maneira sistêmica, com vistas a valorizar os aspectos construtivos e autênticos. Nesse contexto, Lana, Santos e Krucken (2015, p. 235) afirmam que:

> Devemos perceber que os designers têm utilizado recursos da produção artesanal para concepção de objetos e produtos que não são artesanato. Neste sentido, estes produtos carregam a carga cultural e histórica da técnica utilizada, mas não são diferentemente do artesanato, expressão cultural do território onde foram desenvolvidas ou onde estão inseridas. Assim, se os sistemas produto-serviço devem prover valor agregado a todo ciclo de vida de produtos e produzir resultados finais levando em conta a cadeia de valor ou sistema envolvido (Manzini; Vezzoli, 2002), o desenvolvimento de métodos de design que possam contribuir para o aprimoramento do sistema produto-serviço na produção artesanal, abre espaço para questões ainda mais específicas, isto é, de como alcançar metodologias específicas para o enriquecimento do processo de desenvolvimento de produtos e processos sustentáveis dentro dos grupos artesanais de produção.

Serafim (2015) recomenda que os designers, ao atuarem no meio artesanal, sejam cuidadosos ao implantar técnicas que provavelmente sejam do meio industrial, a fim de evitar que a identidade artesanal se perca de sua realidade durante o processo. Para a autora:

> A produção artesanal mantém características distintas da lógica do desenvolvimento de produtos industriais. [...] o objeto artesanal se configura pelo processo de produção essencial manual ("as mãos executam basicamente todo o trabalho") e a liberdade do artesão ainda define o seu "ritmo de produção, a matéria-prima e a tecnologia que irá empregar, a forma que pretende dar ao objeto, produto da sua criação, de seu saber, de sua cultura" (Lima, 2005, p. 2). (Serafim, 2015, p. 53)

O processo de atuação do design na produção artesanal não é o mesmo da produção industrial. Freitas, Costa e Menezes (2008, p. 4000) afirmam que o produto artesanal carrega aspectos estéticos que imprimem sua cultura e sua tradição, não podendo ser um produto projetado por meios digitais ou virtuais. Dessa forma, os autores questionam:

> Como garantir à produção artesanal os seus aspectos pertinentes e de valor cultural sem interferir diretamente no processo de criação do artesão, que garantem por si a retroalimentação e, portanto, a sustentabilidade do processo de produção artesanal e do artesão? (Freitas; Costa; Menezes, 2008, p. 4000)

Para atuar nesse campo de produção, o designer deve estar ciente de que as características tradicionais devem ser cuidadosamente preservadas, e sua habilidade de discernir quais práticas dessa atividade manual não devem sofrer interferência é o aspecto que o diferencia no mercado. No entanto, as atividades do design não estão limitadas, pois as técnicas de orientação e de educação do artesão podem ser um processo que agrega valor a toda a produção.

Além disso, apesar de não se recomendar que o designer atue diretamente no projeto ou na confecção do produto artesanal, ele pode apoiar todo o processo de produção, estabelecendo critérios para zelar pela qualidade do produto e pela ordem de produção. Ele também poder dar orientações para a particularização e para a diferenciação do produto guiando-se por estudos de tendência do mercado.

6.2.3 Design na produção exclusiva

A palavra *exclusividade* deriva do adjetivo *exclusivo*, que transmite uma ideia de privilégio de uma pessoa ou de um grupo limitado e selecionado. A produção exclusiva é um processo de criação e de processamento de um produto ou serviço que atenda às necessidades diretas de alguém.

O design para produção exclusiva é direcionado à projeção de fabricação de bens tangíveis ou intangíveis que assistam a necessidades particulares de determinado consumidor. Na visão de Llaberia (2009, p. 29), "[o] produto do design passa a ser também o resultado dos interesses, dos potenciais e das necessidades do mercado a que se dirige" – ou seja, o design reflete as necessidades que o mercado demanda.

Analisando esse contexto, a questão do envolvimento de design é reafirmada por Löbach (2001, p. 16):

> o conceito de design compreende a concretização de uma ideia em forma de projetos ou modelos, mediante a construção e configuração resultando em um produto industrial passível de produção em série. O design estaria, então, realizando o processo configurativo. Definindo design industrial como um processo de adaptação dos produtos de uso, fabricados industrialmente, às necessidades físicas e psíquicas dos usuários ou grupos de usuários.

Na produção exclusiva, a etapa de concepção da ideia por parte do designer requer claro entendimento das necessidades e dos desejos do cliente. Sobre essa questão, Coelho (2006, p. 165) afirma que "a busca pelo atendimento aos anseios mais particularizados do cliente representa a importância que se dá ao objeto em nossas vidas que, de fato, como vimos, é algo que vai além dos aspectos pragmáticos de uso".

O trabalho de ordem exclusiva, por seu caráter único, tem maior poder de valor agregado no design. Llaberia (2009) comenta que o design é um dos – se não for o principal – elemento de estratégias competitivas mais importantes para as empresas que atuam no segmento de produtos raros e de alto valor. A autora alerta que os conhecimentos do profissional do design nesse nicho devem envolver diferentes aspectos para satisfazer a demanda do cliente e para tornar a empresa mais competitiva.

A abordagem é exemplificada no segmento de joias exclusivas ou de fabricação industrial. Sobre os requisitos de um designer que atua com produtos especiais, Llaberia (2009, p. 29) afirma que:

> o conhecimento da produção a partir da justificativa das escolhas determinantes dos elementos do projeto, significando o direcionamento de materiais e processos dentro de um objetivo de mercado, é atribuição do designer e da sua prática de projeto, fazendo da atuação deste profissional uma atividade importante para as empresas. Assim, uma visão geral de mercado, público, noções de marketing; processos e custos de produção, como materiais, metais e gemas; modelagem; desenvolvimento de coleções associadas à identidade da empresa; acompanhamento e direcionamento da criação de embalagens e displays, conhecimento de seus pontos de venda, são indispensáveis ao designer de joias, enquanto orientação e acompanhamento, como forma de assegurar a viabilização do conceito inicial do projeto.

Pelas exigências do mercado, o designer que pretende atuar com produções exclusivas tem de ser um profissional com habilidades e com conhecimentos multidisciplinares. Atender às particularidades de um projeto para um cliente com gostos e com necessidades especiais, por qualquer que seja o motivo, tende a ser um fator a destacar esse profissional entre os demais que se lançam ao mercado.

6.3 Design e economia criativa

Apesar de a economia criativa ser uma área de estudo relativamente nova, essa vertente econômica tem sido enfatizada nas últimas décadas. Assim tem sido em razão do impacto de seus bens e de seus serviços em diferentes setores da economia, causando mudanças em diferentes esferas – política, econômica, social e organizacional.

A capacidade de produzir e de criar ou de renovar o que já existe pode ser qualificada como criatividade. No contexto do conhecimento, Brito, Vanzin e Ulbricht (2009) comentam que o termo *criatividade* descreve o comportamento de um sujeito no âmbito da expressão artística e/ou da inovação tecnológica. De acordo com Pelaes (2010, p. 7):

> criatividade", "criador", "criativo", "criar", tratam-se de palavras que traduzem um discurso frequente, quando se fala em educação através de arte, porém o fazem dentro de uma premissa tão genérica, que é difícil isolar e definir o conceito. A questão do estímulo à criatividade e de como esse conceito é visualizado, estabelece uma problemática que vai além de pressupostos pedagógicos, gerando questionamentos que indagam a natureza da própria concepção de criatividade, como condição inerente de uma vocação ou uma habilidade, que depende de características que são discriminadas como inatas ou como adquiridas, gerando a concepção de um conceito que reflete a dicotomia estabelecida na sua própria origem.

Os produtos criativos baseados no capital intelectual ou no capital cultural são capazes de produzir ganhos financeiros que contribuem com a designação de um novo paradigma, que é conhecido como economia criativa. Um dos motivos para tanto destaque a esses estudos é sua importância econômica e social, como capacidade de gerar crescimento e desenvolvimento econômico; estímulos para geração de renda; processos de inclusão social e de diversificação cultural; ampliação do desenvolvimento humano; interação dos aspectos econômicos, culturais e sociais com a tecnologia e com a geração de propriedade intelectual (Unctad, 2010).

Um grande diferencial da economia criativa é a capacidade de criar e de diferenciar-se constantemente. Essa dinâmica é capaz de estimular constante movimentação econômica; no entanto, a criatividade não basta. Dalla Costa e Souza-Santos (2011) afirmam que a principal matéria-prima utilizada nesse paradigma é a criatividade, mas esta precisa estar aliada a algumas atividades que se relacionam com outras áreas, como design, moda, arquitetura, artes, produção cultural, cinema, turismo, mídia, entre outras.

A economia criativa, além de envolver a participação de outras áreas, é um produto da dinâmica entre os fatores culturais, sociais e econômicos. Ela integra o ciclo de criação, de produção, de distribuição e de consumo de bens e de serviços oriundos de diversos conjuntos produtivos. Assim, Teixeira et al. (2016) complementam:

> consideram-se setores criativos aqueles cujas atividades produtivas têm como insumos principais a criatividade e o conhecimento. Chega-se então à seguinte conclusão: setores criativos são todos aqueles cujas atividades produtivas têm como processo principal um ato criativo gerador de valor simbólico, elemento central da

formação do preço, e que resulta em promoção de riqueza cultural e econômica do ambiente.

A Figura 6.1 esquematiza a economia criativa e a dinâmica de funcionamento dos seus elos no setor criativo.

Figura 6.1 – **Dinâmica da economia criativa**

```
        Distribuição        Consumo

              ( Setores criativos )

        Produção            Criação
```

Fonte: Elaborado com base em Teixeira et al., 2016.

Oliveira et al. (2016) afirmam que o design faz parte das criações funcionais que compõem a economia criativa, pois lida com a invenção, com a criação e com o desenvolvimento de formas e da aparência de produtos, que são expressos por meio das criações estéticas funcionais. "O design é um insumo para todos os processos fabris e não se separa do produto físico" (Oliveira et al., 2016, p. 118).

Reconhecendo que alguns elementos – como o artesanato, fatores tecnológicos e direitos de propriedade intelectual – compreendem a cadeia de valor referente à indústria do design na dinâmica da economia criativa, é possível tomá-la como um importante componente agregador de valor aos produtos e aos serviços. Sua estreita ligação com a inovação explica sua forte influência nas indústrias criativas.

6.4 Design e economia colaborativa

Não é novidade que as inovações tecnológicas têm causado inúmeras revoluções no ambiente dos negócios e, por consequência, nos modelos de desenvolvimento econômico, desestabilizando mercados consolidados e tradicionais e ajudando a formar novos mercados. Os recursos tecnológicos que promovem disrupções no mercado são transformados em negócios inovadores e emergentes, com características facilitadoras e de baixo custo.

Alguns desses negócios têm como característica em sua proposta de valor a democratização do acesso de bens a todos os públicos. A necessidade de posse de um bem é substituída, nesse caso, por um usufruto momentâneo que atenda às necessidades ocasionais de forma compartilhada. Essa dinâmica é comumente designada *economia colaborativa* ou *economia compartilhada*.

> A economia colaborativa ou economia compartilhada permite o consumo consciente e aumenta a eficiência do uso do bem, pois ao invés de comprá-lo, optamos pelo compartilhamento: paga-se pela locomoção, em vez da aquisição de um veículo que pode, no final das contas, ser subutilizado – e, em contrapartida, aquele que é proprietário do automóvel tem a possibilidade de auferir renda daquele que necessita do transporte eventual. As aplicações tecnológicas têm promovido a economia compartilhada por facilmente permitir o encontro destas pessoas (*peer-to-peer*) que desejam ofertar seus produtos e serviços e daquelas que desejam consumi-los.

Uma característica marcante deste tipo de economia é a eliminação parcial ou até total de intermediários nesta relação, uma vez que as pessoas transacionam diretamente umas com as outras por meio de plataformas digitais. (Salman; Fujita, 2018, p. 93)

Além do compartilhamento, a utilização de redes sociais como forma de conexão entre as pessoas, as tecnologias de comunicação e de informação como um todo e os aplicativos em dispositivos móveis são outros fatores que proporcionam o funcionamento dos negócios e a participação das pessoas nesse modelo econômico.

A economia colaborativa alia-se à democratização do acesso aos bens e à possibilidade de rendimento extra ou, até mesmo, de geração de renda. Estes são fatores muito importantes em momentos de crises econômicas que impactam a vida da população com altos níveis de desemprego e com alta nos preços dos bens. Os pilares da economia colaborativa são ilustrados por Stokes et al. (2014) conforme mostra o Quadro 6.2.

Quadro 6.2 – **Economia colaborativa em pilares**

Economia colaborativa			
Traços-chave: Tecnologias da internet; rede distribuída; capacidade ociosa; interações significativas + confiança; abertura, inclusão + bens comuns			
Consumo colaborativo	**Produção colaborativa**	**Aprendizagem colaborativa**	**Financiamento colaborativo**
• Mercados de redistribuição • Sistemas de serviços de produtos • Estilos de vida colaborativos	• Design colaborativo • Prática colaborativa • Distribuição colaborativa	• Cursos abertos e material didático • Compartilhamento de habilidades • Conhecimento cocriado	• Financiamento coletivo • Empréstimo social • Moedas complementares • Seguro social

Fonte: Stokes et al., 2014, p. 12, tradução nossa.

O Quadro 6.2 demonstra que a produção colaborativa abrange os aspectos de design, da prática e da distribuição do consumo, envolvendo redes de pessoas que podem trabalhar, presencialmente ou não, por meio de ambientes *on-line*. As estruturas governamentais contam com a contribuição de diversos profissionais para colocar em prática o funcionamento das organizações.

A aprendizagem colaborativa promove a disseminação de conhecimentos, de competências e de habilidades nas pessoas que tenham contato com a rede. Os financiamentos colaborativos contam com a anuência de diversas pessoas para a coleta das quantias financeiras que viabilizarão o projeto em questão. As dimensões da economia colaborativa interagem com o design na modalidade do design aberto.

CONSIDERAÇÕES FINAIS

Ao longo desta obra, expusemos a função do design nos modelos de desenvolvimento econômicos e nas diferentes áreas de sua atuação no mercado, as quais impactam diretamente a sociedade, de formas positivas e negativas.

Nossa abordagem é resultado do enfrentamento de alguns desafios: a seleção dos temas (e as implicações ideológicas, filosóficas e educacionais dessa tomada de decisão); a articulação entre saberes teóricos e práticos (reconhecendo-se que tais saberes estão em constante transformação); e o foco na interdisciplinaridade, com vistas a promover a aproximação entre vertentes de conhecimento que envolvem o design, os estudos de sociedade e de cultura.

Na tentativa de contornar alguns desses desafios na construção deste material, optamos por referenciar uma parcela significativa da literatura especializada e dos estudos científicos a respeito dos temas abordados. Além disso, apresentamos grande diversidade de indicações culturais para enriquecer o processo de construção de conhecimentos aqui almejado e procuramos oferecer aportes práticos para que agregam positivamente os conhecimentos do profissional de design, sugerindo atividades e incentivando você a elaborar as próprias concepções que envolvem o design e a sociedade. Entendemos que superamos esses desafios ao abordar uma vasta gama de assuntos relacionados ao papel social do design, citando exemplos da aplicação dos conhecimentos da área com foco nos impactos sobre os indivíduos e os grupos sociais.

Desejamos ter suscitado em você, leitor, reflexões importantes sobre como as práticas laborais do designer e como os produtos do trabalho desse profissional podem melhorar a vida das pessoas e promover o bem-estar social.

REFERÊNCIAS

ABAD, G.; . BRAIDA, F.; PONTE, R. Os sistemas híbridos do Design: despertando os sentidos. In: CONGRESSO INTERNACIONAL DE PRESQUISA EM DESIGN, Bauru, 2009. **Anais**... Bauru: PPGDesign – FAAC – Universidade Estadual Paulista, 2009. p. 2197-2204.

ADORNO, T. W.; HORKHEIMER, M. A indústria cultural: o esclarecimento como mistificação das massas. In: ADORNO, T. W.; HORKHEIMER, M. **Dialética do esclarecimento**: fragmentos filosóficos. Rio de Janeiro: J. Zahar, 1985. p. 1-23.

ALMEIDA, M. do S. P. de; AZEVEDO, S. L. M. de. Globalização, educação e o contexto midiático. **Revista GeoSertões**, Cajazeiras, v. 4, n. 8, p. 125-141, jul./dez. 2019. Disponível em: <http://revistas.ufcg.edu.br/cfp/index.php/geosertoes/article/view/1383/pdf>. Acesso em: 27 jan. 2021.

ALVES, E. P. M. Diversidade cultural, patrimônio cultural material e cultura popular: a Unesco e a construção de um universalismo global. **Sociedade e estado**, Brasília, v. 25, n. 3, p. 539-560, set./dez. 2010. Disponível em: <https://www.scielo.br/pdf/se/v25n3/07.pdf>. Acesso em: 26 jan. 2021.

ARGAN. G. C. **História da Arte como história da cidade**. São Paulo: Martins Fontes, 2005.

ASSIS, C. L.; NEPOMUCENO, C. M. **Estudos contemporâneos de cultura**. Campina Grande: UEPB/UFRN, 2008. Formas de manifestacao da cultura. Aula 11. (Curso de Licenciatura em Geografia – EaD). Disponivel em: <http://www.ead.uepb.edu.br/arquivos/cursos/Geografia_PAR_UAB/Fasciculos%20-%20Material/Estudos_Contemporaneos_Cultura/Est_C_C_A11_J_GR_260508.pdf>. Acesso em: 26 jan. 2021.

AZEVEDO, F. **Cultura brasileira**. 3. ed. Rio de Janeiro: IBGE, 1958.

AZEVEDO, W. **O que é** design. São Paulo: Brasiliense, 2017.

BACKX, H. Criação intelectual em cursos de design: autoria e titularidade. In: CONGRESSO BRASILEIRO DE PESQUISA E DESENVOLVIMENTO EM DESIGN, 11., Gramado, 2014. **Blucher** Design **Proceedings**, v. 1, n. 4, p. 1469-1480, 2014. Disponível em: <http://pdf.blucher.com.br.s3-sa-east-1.amazonaws.com/designproceedings/11ped/00414.pdf>. Acesso em: 28 jan. 2021.

BACKX, H.; GRIMALDI, M.; KARLA, A. Conteúdo criativo em design e propriedade intelectual. **DAT Journal**, v. 4, n. 1, p. 162-174, 2019. Disponível em: <https://ppgd.eba.ufrj.br/producao-academica/conteudo-criativo-em-design-e-propriedade-intelectual/>. Acesso em: 28 jan. 2021.

BARBOSA, A. M. **Arte, educação e cultura**. Disponível em: <http://www.dominiopublico.gov.br/download/texto/mre000079.pdf>. Acesso em: 29 jan. 2021.

BAUMAN, Z. **Ensaios sobre o conceito de cultura**. Rio de Janeiro: Zahar, 2012.

BAUMAN, Z. **Vida para consumo**: a transformação das pessoas em mercadoria. Rio de Janeiro, Zahar, 2008.

BERNARDI, A. M. de. **Dimensões do processo de apropriação cultural**: a educação na cidade. 200 f. Dissertação (Mestrado em Educação) – Universidade Federal de Minas Gerais, Belo Horizonte, 2011. Disponível em: <https://repositorio.ufmg.br/bitstream/1843/FAEC-8RHH3P/1/dimensoes_do_processo_de_apropriacao_cultural_andreiadeberna.pdf>. Acesso em: 28 jan. 2021.

BIZZOCCHI, A. O clássico e o moderno, o erudito e o popular na arte. **Líbero**, São Paulo, v. 2, n. 3/4, p. 72-76, 1999. Disponível em: <http://aldobizzocchi.com.br/artigo14.asp>. Acesso em: 26 jan. 2021.

BOMFIM, G. A. Fundamentos de uma teoria transdisciplinar do design: morfologia dos objetos de uso e sistemas de comunicação. **Estudos em** Design, Rio de Janeiro, v. 5, n. 2, , p. 27-41, dez. 1997.

BONINI, L. A.; ENDO, G. B. Design **thinking**: uma nova abordagem para inovação. 2010. Disponível em: <https://www.design.com.br/design-thinking-uma-nova-abordagem-para-inovacao/>. Acesso em: 28 jan. 2021.

BRAIDA, F. Design como forma simbólica e como fenômeno de linguagem: uma conceituação possível. In: CONGRESSO INTERNACIONAL DE PESQUISA EM DESIGN, 5, 2009, Bauru, **Anais...**, Bauru, Unesp, 2009. p. 2167-2174.

BRASIL. Constituição (1988). **Diário Oficial da União**, Brasília, DF, 5 out. 1988. Disponível em: <http://www.planalto.gov.br/ccivil_03/constituicao/constituicao.htm>. Acesso em: 26 jan. 2021.

BRITO, R. F.; VANZIN, T.; ULBRICHT, V. R. Reflexões sobre o conceito de criatividade: sua relação com a biologia do conhecer. **Ciências & Cognição**, Rio de Janeiro, v. 14, n. 3, p. 204-213, 2009. Disponível em: <http://pepsic.bvsalud.org/pdf/cc/v14n3/v14n3a17.pdf>. Acesso em: 29 jan. 2021.

BROLLO, S. R. S. **Tutela Jurídica do meio ambiente cultural: Proteção contra a exportação ilícita dos bens culturais**. 106 f. Dissertação (Mestrado em Direito) – Pontifícia Universidade Católica do Paraná, Curitiba, 2006. Disponível em: <http://www.biblioteca.pucpr.br/tede/tde_arquivos/1/TDE-2006-10-05T061948Z-421/Publico/SilviaDto.pdf>. Acesso em: 27 jan. 2021.

BÜCHER, K. C. **Industrial evolution**. New York: Henry Holt and Company, 1901.

BÜRDEK, B. E. Design: história, teoria e prática do design de produtos. 2. ed. São Paulo: Blucher, 2010.

CABEZA, E. U. R.; MOURA, M.; ROSSI, D. Design aberto: prática projetual para a transformação social. **Strategic Design Research Journal**, v. 7, n. 2, p. 56-65, May/Aug. 2014. Disponível em: < http://revistas.unisinos.br/index.php/sdrj/article/viewFile/sdrj.2014.72.02/4619>. Acesso em: 29 jan. 2021.

CABRAL, A. A sociologia funcionalista nos estudos organizacionais: foco em Durkheim. **Cadernos EBAPE. BR**, v. 2, n. 2, p. 1-15, jul. 2004. Disponível em: <https://www.scielo.br/pdf/cebape/v2n2/v2n2a02.pdf>. Acesso em: 25 jan. 2021.

CALDAS, W. **Temas da cultura de massa**: música, futebol, consumo. São Paulo: Arte & Ciência, 2000.

CAMPOS, A. Q.; WOLF, B. O conceito de tendência na moda: significado, histórico, conotação. **ModaPalavra e-periódico**, v. 11, n. 22, p. 11-48, jul./dez. 2018. Disponível em: <https://www.revistas.udesc.br/index.php/modapalavra/article/view/11754/8380>. Acesso em: 27 jan. 2021.

CARDOSO, C. F. S.; VAINFAS, R. **Novos domínios da história**. Rio de Janeiro: Elsevier, 2012.

CARDOSO, E. et al. O papel do design(er) nas políticas públicas culturais. In: CONGRESSO BRASILEIRO DE PESQUISA E DESENVOLVIMENTO EM DESIGN, 11., Gramado, 2014. **Blucher Design Proceedings**, São Paulo, v. 1, n. 4, 2014. p. 493-505, 2014. Disponível em: <https://www.researchgate.net/publication/301392756_O_PAPEL_DO_DESIGNER_NAS_POLITICAS_PUBLICAS_CULTURAIS>. Acesso em: 28 jan. 2021.

CARDOSO, R. **Uma introdução à história do** design. São Paulo: Blucher, 2008.

CASTRO, J. R. B. O papel das manifestações culturais locais/regionais no contexto da turistificação das festas juninas espetacularizadas em Cachoeira–BA. ENECULT – ENCONTRO DE ESTUDOS MULTIDISCIPLINARES EM CULTURA, 5., Salvador, 2009. **Anais**... Disponível em: <http://www.cult.ufba.br/enecult2009/19383.pdf>. Acesso em: 26 jan. 2021.

CASTRO, M. L. A. C. de. Da ética construtivista à ética sustentável: a trajetória do design. **Cadernos de pós-graduação em arquitetura e urbanismo**, v. 8, n. 1, p. 122-132, 2008. Disponível em: <http://editorarevistas.mackenzie.br/index.php/cpgau/article/view/6023/4332>. Acesso em: 26 jan. 2021.

CASTRO, M. L. A. C. de; BRAGA, J. C. Políticas públicas de design: a construção da relevância do tema no Brasil. **Revista Espaço Acadêmico**, v. 11, n. 128, p. 126-135, jan. 2012. Disponível em: <http://www.periodicos.uem.br/ojs/index.php/EspacoAcademico/article/view/13539/8519>. Acesso em: 28 jan. 2021.

CASTRO, R. de C. M. L. de. **O poder da comunicação e a intertextualidade**. 239 f. Dissertação (Mestrado em Administração) – Fundação Getulio Vargas, São Paulo, 2002. Disponível em: <http://www.bocc.ubi.pt/pag/castro-rita-o-poder-da-comunicacao e-a-intertextualidade.pdf>. Acesso em: 26 jan. 2021.

CAVALCANTE, P.; MENDONÇA, L.; BRANDALISE, I. **Políticas públicas e design thinking**: interações para enfrentar desafios contemporâneos. Brasília: Ipea, 2019.

CAVALLETTI, M. A economia da transformação e a transformação da economia. **Meio e Mensagem**, 26 fev. 2020. Disponível em: <https://www.meioemensagem.com.br/home/opiniao/2020/02/26/a-economia-de-transformacao-e-a-transformacao-da-economia.html>. Acesso em: 29 jan. 2021.

CHAUI, M. **Convite à filosofia**. São Paulo: Ática, 1995.

CHAUÍ, M. **Introdução à história da filosofia**. São Paulo: Companhia das Letras, 2010.

CHIARADIA, B. **A contribuição do perfil de concerns em projetos de retail design**. 143 f. Dissertação (Mestrado em Design) – Universidade do Vale do Rio dos Sinos, Porto Alegre, 2019. Disponível em: <http://www.repositorio.jesuita.org.br/bitstream/handle/UNISINOS/8962/Bruna%20Chiaradia_.pdf?sequence=1&isAllowed=y>. Acesso em: 29 jan. 2021.

CIARAMELLO, P. R.; SILVA, C. L. da. **Arte e Cultura- manifestações do Brasil profundo**. Paraná: Unicentro, 2014.

CIPOLLA, C. Design social ou design para a inovação social? Divergências, convergências e processos de transformação. In: OLIVEIRA; A. J.; FRANZATO, C.; GAUDIO, C. (Org.). **Ecovisões projetuais**: pesquisas em design e sustentabilidade no Brasil. São Paulo: Blucher, 2017. p. 147-156.

COELHO, L. A. L. (Org.). **Design método**. Rio de Janeiro: Ed. PUC-Rio; Teresópolis: Novas Ideias, 2006.

COSTA, B. M. da. **Papel social do** design **gráfico**: história, conceitos e atuação profissional. São Paulo: Senac, 2019.

CRESTO, L. J. **A re-significação da relação entre** design **e tecnologia na obra dos Irmãos Campana**. 2009. 264 f. Dissertação (Mestrado em Tecnologia) – Universidade Tecnológica Federal do Paraná, Curitiba, 2009. Disponível em: <https://repositorio.utfpr.edu.br/jspui/bitstream/1/174/1/CT_PPGTE_M_Cresto%2c%20Lindsay%20Jemima_2009.pdf>. Acesso em: 28 jan. 2021.

DALLA COSTA, A.; SOUZA-SANTOS, E. R. Economia criativa: novas oportunidades baseadas no capital intelectual. **Revista Economia & Tecnologia**, Cuiabá, v. 25, abr./jun. 2011. Disponível em: <http://www.economiaetecnologia.ufpr.br/revista/25%20Capa/Armando%20Dalla%20Costa%20-%20Elson%20Rodrigo%20Souza-Santos.pdf>. Acesso em: 29 jan. 2021.

DURKHEIM, É. **As formas elementares da vida religiosa**: o sistema totêmico na Austrália. Tradução de Paulo Neves. São Paulo: Martins Fontes, 1996.

EAGLETON, T. **A ideia de cultura**. São Paulo: Unesp, 2005.

ELIAS, N. **O processo civilizador**. Rio de Janeiro, Zahar, 1993. v. 2: Formação do Estado e civilização.

ELIAS, N. **A sociedade dos indivíduos**. Rio de Janeiro: Zahar, 1994.

ENGLER, R. C.; GUIMARÃES, L. H.; LACERDA, A. C. G. Design e consumo: a influência da mídia sobre a obesidade infantil. In: CONGRESSO BRASILEIRO DE PESQUISA E DESENVOLVIMENTO EM DESIGN, 12., Belo Horizonte, 2016. **Blucher Design Proceedings**, São Paulo, v. 9, n. 2, p. 5625-5637, 2016. Disponível em: <http://pdf.blucher.com.br.s3-sa-east-1.amazonaws.com/designproceedings/ped2016/0529.pdf>. Acesso em: 28 jan. 2021.

ESTANQUE, E. **A classe média**: ascensão e declínio. Fundação Francisco Manuel dos Santos, 2016.

FERREIRA, C. L.; CHIMIRRA, V.; LONA, M. T. Design e consumo: relações com a moda e a arquitetura. **Revista Competência**, Porto Alegre, v. 7, n. 2, p. 69-83, jul./dez. 2014.

FERREIRA, E. **O design como estratégia de inovação para a competitividade e sustentabilidade de países, empresas e comunidades**: o caso Ipameri-GO. 141 f. Dissertação (Mestrado em Desenvolvimento Sustentável) – Universidade de Brasília, Brasília, 2006. Disponível em: <https://core.ac.uk/download/pdf/33531616.pdf>. Acesso em: 29 jan. 2021.

FIORILLO, C. A. P.; ISAGUIRRE, K. R. Meio ambiente cultural e internet: o potencial das tecnologias da comunicação para a sustentabilidade na sociedade da informação. **Revista Brasileira de Direito Ambiental**, São Paulo, v. 23, p. 73-97, 2010.

FONTOURA, A. **Introdução à sociologia**. São Paulo: Editora Globo, 1970.

FRANÇA, L. C. M. Cultura contemporânea: a fronteira entre o digital e o popular. 2001. Disponível em: <http://bocc.ufp.pt/pag/franca-lilian-cultura.pdf>. Acesso em: 27 jan. 2021.

FREIRE, I. M. Acesso à informação e identidade cultural: entre o global e o local. **Ciência da Informação**, Brasília, v. 35, n. 2, p. 58-67, maio/ago. 2006. Disponível em: <https://www.scielo.br/pdf/ci/v35n2/a07v35n2.pdf>. Acesso em: 27 jan. 2021.

FREITAS, A. L. C.; COSTA, A.; MENEZES, M. O design e a produção artesanal na pós-modernidade. In: CONGRESSO BRASILEIRO DE PESQUISA E DESENVOLVIMENTO EM DESIGN, 8., São Paulo, 2008. **Anais**... São Paulo: Centro Universitário Senac, 2008. Disponível em: <https://andeiracosta.files.wordpress.com/2013/05/o-design-e-a-produc3a7c3a3o-artesanal-na-modernidade.pdf>. Acesso em: 29 jan. 2021.

FRIEDMAN, K. Models of Design: Envisioning a Future Design Education. **Visible language**, v. 46, n. 1/2, p. 132-133, maio 2012.

FROST, E. L.; HOEBEL, E. A. **Antropologia cultural e social**. São Paulo: Cultrix, 1981.

FUNARI, P. P. A.; CARVALHO, A. V. Patrimônio cultural, diversidade e comunidade. **Primeira Versão** (IFCH-UNICAMP), n. 143, p. 1-69, 2011.

GIDDENS, A. **As consequências da modernidade**. São Paulo: Unesp, 1991.

GOERGEN, P. Educação e valores no mundo contemporâneo. **Educação & Sociedade**, Campinas, v. 26, n. 92, p. 983-1011, out. 2005. Disponível em: <https://www.scielo.br/pdf/es/v26n92/v26n92a13.pdf>. Acesso em: 26 jan. 2021.

GOMES, D.; QUARESMA, M. O contexto do design inclusivo em projetos de produto: ensino, prática e aceitação. In: CONGRESSO BRASILEIRO DE PESQUISA E DESENVOLVIMENTO EM DESIGN, 12., Belo Horizonte, 2016. **Blucher Design Proceedings**, São Paulo, v. 9, n. 2, p. 3143-3155, 2016. Disponível em: <http://pdf.blucher.com.br.s3-sa-east-1.amazonaws.com/designproceedings/ped2016/0270.pdf>. Acesso em: 29 jan. 2021.

GOMES, N. P. The management of culture: professional challenges of managing narratives and brands in a changing cultural environment. **e-Revista LOGO**, v. 6, n. 1, p. 1-19, abr. 2017. Disponível em: <http://incubadora.periodicos.ufsc.br/index.php/eRevistaLOGO/article/view/4526/4888>. Acesso em: 27 jan. 2021.

GONÇALVES, F. M. da C. **Design for All**: adaptação de um livro ilustrado para Crianças com Deficiência Visual. 127 f. Dissertação (Mestrado em Comunicação Acessível) – Instituto Politécnico de Leiria, Leiria, 2018. Disponível em: <https://iconline.ipleiria.pt/bitstream/10400.8/3316/1/Disserta%C3%A7%C3%A3o_F%C3%A1tima%20Gon%C3%A7alves.pdf>. Acesso em: 29 jan. 2021.

GUERRA, A. F. S. et al. As redes no espelho: conceitos e práticas da cultura de redes de educação ambiental. **Revista Brasileira de Educação Ambiental**, Brasília, n. 3, jun. 2008.

GUILE, D. O que distingue a economia do conhecimento? Implicações para a educação. **Cadernos de Pesquisa**, São Paulo, v. 38, n. 135, p. 611-636, set./dez. 2008. Disponível em: <https://www.scielo.br/pdf/cp/v38n135/v38n135a04.pdf>. Acesso em: 29 jan. 2021.

GUIMARÃES, J.; SILVA, S. A. O papel do design no cenário da economia criativa. In: COÓQUIO INTERNACIONAL DE DESIGN, 2017. Disponível em: <https://www.proceedings.blucher.com.br/article-details/o-papel-do-design-no-cenrio-da-economia-criativa-28166>. Acesso em: 29 jan. 2021.

JAMESON, F. Reificação e utopia na cultura de massa. **Crítica marxista**, São Carlos, v. 1, n. 1, p. 1-25, 1994. Tradução de João Roberto Martins Filho. Disponível em: <https://www.ifch.unicamp.br/criticamarxista/contador_revista_item.php?arquivo_pdf=arquivos_biblioteca/artigo43Artigo1.1.pdf&idItem=43&nomeTabela=tb_artigos>. Acesso em: 27 jan. 2021.

KOTLER, P.; ARMSTRONG, G. **Princípios de Marketing**. Rio de Janeiro: Prentice Hall, 2008

KROEBER, A. **O conceito de cultura em ciência**. São Paulo: [s.n.], 1949.

LA ROVERE, R. L. **As pequenas e médias empresas na economia do conhecimento**: implicações para políticas de inovação. Rio de Janeiro: Campus, 1999. Disponível em: <https://revistas.ufpr.br/rsp/article/view/29365/19128>. Acesso em: 25 jan. 2021.

LACERDA, G. B. Augusto Comte e o "positivismo" redescobertos. **Revista de Sociologia e Política**, Curitiba, v. 17, n. 34, p. 319-343, 2009. Disponível em: <https://revistas.ufpr.br/rsp/article/view/29365/19128>. Acesso em: 25 jan. 2021.

LANA, S. L. B.; SANTOS, I. M.; KRUCKEN, L. Design e produção artesanal: uma reflexão sobre a contribuição do design promover a sustentabilidade de empreendimentos de base artesanal. In: ENCUENTRO LATINOAMERICANO DE DISEÑO "DISEÑO EN PALERMO", 9.; CONGRESO LATINOAMERICANO DE ENSEÑANZA DEL DISEÑO, 5., Buenos Aires, 2014. **Actas de Diseño**. Buenos Aires, v. 9, n. 18, p. 234-239, mar. 2015. Disponível em: <https://fido.palermo.edu/servicios_dyc/publicacionesdc/archivos/534_libro.pdf>. Acesso em: 29 jan. 2021.

LANDIM, P. da C. Design, **empresa, sociedade**. São Paulo: Cultura Acadêmica, 2010.

LARAIA, R. B. **Cultura**: um conceito antropológico. Rio de Janeiro: Zahar, 2002.

LASTRES, H. et al. Desafios e oportunidades da era do conhecimento. **São Paulo em Perspectiva**, São Paulo, v. 16, n. 3, p. 60-66, 2002. Disponível em: <https://www.scielo.br/pdf/spp/v16n3/13562.pdf>. Acesso em: 29 jan. 2021.

LIMA, J. C. Ética da pesquisa e ética profissional em sociologia: um começo de conversa. **Revista Brasileira de Sociologia**, Belo Horizonte, v. 3, n. 5, p. 215-239, jan./jun. 2015. Disponível em: <http://www.sbsociologia.com.br/rbsociologia/index.php/rbs/article/view/158/77>. Acesso em: 22 jan. 2021.

LIMA, J. S. **A vantagem competitiva das nações no limiar da 4ª Revolução Industrial:** a importância da economia do conhecimento, da sinergia entre indústria e serviços, e da política internacional. 284 f. Tese (Doutorado em Relações Internacionais – Universidade de Brasília, Brasília, 2020. Disponível em: <https://repositorio.unb.br/bitstream/10482/39098/1/2020_JeanSantosLima.pdf>. Acesso em: 29 jan. 2021.

LLABERIA, E. M. L. da C. et al. **Design de joias:** desafios contemporâneos. 183 f. Dissertação (Mestrado em Design) – Universidade Anhembi-Morumbi, São Paulo, 2009.

LÖBACH, B. **Design industrial**: bases para a configuração. São Paulo: Edgard, 2001.

MAFFESOLI, M. **O tempo das tribos**. Rio de Janeiro: Forense Universitária, 1998.

MALAGUTI, C. Design **e valores**: materializando uma nova cultura. ENCONTRO DE SUSTENTABILIDADE EM PROJETO DO VALE DO ITAJAÍ, 2., 2008. Disponível em: <https://ensus2008.paginas.ufsc.br/files/2015/09/Design-e-valores.pdf>. Acesso em: 27 jan. 2021.

MALATESTA, E. Infiltrações burguesas na doutrina socialista. **Verve – Revista do Nu-Sol**, São Paulo, n. 4, p. 163-169, 2003. Disponível em: <https://ken.pucsp.br/verve/article/view/4968/3516>. Acesso em 22 jan. 2021.

MANCEBO, D. Globalização, cultura e subjetividade: discussão a partir dos meios de comunicação de massa. **Psicologia: Teoria e Pesquisa,** Brasília, v. 18, n. 3, p. 289-295, set-dez. 2002. Disponível em: <https://www.scielo.br/pdf/ptp/v18n3/a08v18n3.pdf>. Acesso em: 27 jan. 2021.

MANZINI, E. Design **para a inovação social e sustentabilidade**: comunidades criativas, organizações colaborativas e novas redes projetuais. Rio de Janeiro: E-papers, 2008.

MARCANTONIO, J. H.; SILVA, A. C. R. C. A problemática da sustentabilidade do Estado ante o bem comum e sua interferência nos direitos do século XXI. **Revista do Curso de Direito da Faculdade de Humanidades e Direito**, São Paulo, v. 8, n. 8, p. 88-102, 2011. Disponível em: <https://www.metodista.br/revistas/revistas-metodista/index.php/RFD/article/view/2594/2539>. Acesso em: 26 jan. 2021.

MARGOLIN, V.; MARGOLIN, S. Um "Modelo Social" de design: questões de prática e pesquisa. **Revista Design em Foco**, Salvador, v. 1, n. 1, p. 43-48, jul./dez. 2004. Disponível em: <https://www.redalyc.org/pdf/661/66110105.pdf>. Acesso em: 29 jan. 2021.

MARTINS, M. F.; CÂNDIDO, G. A. **Índice de desenvolvimento sustentável para municípios (IDSM)**: metodologia para análise e cálculo do IDSM e classificação dos níveis de sustentabilidade – uma aplicação no Estado da Paraíba. João Pessoa: Sebrae, 2008.

MARX, K. **Contribuição para a crítica da economia política**. Lisboa: Estampa, 1973.

MATURANA, H. **Emoções e linguagem na educação e na política**. Belo Horizonte: Editora UFMG, 2009.

MEDINA, C. **Ciência e jornalismo**: da herança positivista ao diálogo dos afetos. São Paulo: Summus Editorial, 2012.

MELO, A.; ABELHEIRA, R. Design **thinking & thinking** design: metodologia, ferramentas e uma reflexão sobre o tema. São Paulo: Novatec, 2015.

MIKUNDA, C. **Brand lands, hot spots & cool spaces**: Welcome to the third place and the total marketing experience. Londres: Kogan Page Publishers, 2004.

MINTZ, S. W. Cultura: uma visão antropológica. **Tempo**, vol.14, n. 28, p. 223-237, 2010. Disponível em: <https://www.scielo.br/pdf/tem/v14n28/a10v1428.pdf>. Acesso em: 29 jan. 2021.

MONTEIRO, A. P. C. Crise de valores ou valores em crise? **Revista NUFEN**, São Paulo, v. 5, n. 1, p. 82-87, jan./jul. 2013. Disponível em: <http://pepsic.bvsalud.org/pdf/rnufen/v5n1/a09.pdf>. Acesso em: 26 jan. 2021.

MORAES, D. de. **Limites do design**. São Paulo: Nobel, 1997.

MOTA, C.; SILVA, S.; KARKI, S. Demografia europeia dos séculos XVII e XVIII. ATHENA XXI, 23 out. 2016. Economia pré-industrial e a passagem para o regime demográfico moderno, segundo alunos de Línguas e Humanidades. Disponível em: <https://athena-xxi.blogspot.com/2016/10/economia-pre-industrial-e-passagem-para.html#:~:text=A%20economia%20dos%20s%C3%A9culos%20XVII,suficiente%20para%20suprimir%20as%20necessidades>. Acesso em: 29 jan. 2021.

MOURA, M. Design: atualidades da pesquisa em design e moda no Brasil. **dObra[s]:** revista da Associação Brasileira de Estudos de Pesquisas em Moda, v. 6, n. 13, p. 24-35, 2013. Disponível em: <https://dobras.emnuvens.com.br/dobras/article/view/133/132>. Acesso em: 28 jan. 2021.

MOURÃO, N. M.; ENGLER, R. C. Economia solidária e design social: iniciativas sustentáveis com resíduos vegetais para produção artesanal. **Interações**, Campo Grande, v. 15, n. 2, p. 329-339, jul./dez. 2014. Disponível em: <https://www.scielo.br/pdf/inter/v15n2/10.pdf>. Acesso em: 29 jan. 2021.

MOZOTA, B. B.; KLÖPSCH, C.; COSTA, F. C. X. **Gestão do** design: usando o design para construir valor de marca e inovação corporativa. Porto Alegre: Bookman, 2011.

NEVES, F. Contestação gráfica: engajamento político-social por meio do design gráfico. In: BRAGA, M. C. **O papel social do** design **gráfico:** história, conceitos & atuação profissional. São Paulo: Senac, 2011. p. 45-64.

NOBLE, I.; BESTLEY, R. **Pesquisa visual:** introdução às metodologias de pesquisa em design gráfico. Porto Alegre: Bookman, 2013.

NODARI, P. C. **Ética, direito e política:** a paz em Hobbes, Locke, Rousseau e Kant. São Paulo: Paulus, 2014.

NOJIMA, V. L. M. dos S. Significado. In: COELHO, L. A. (Org.). **Conceitos-chave em** design. Rio de Janeiro: PUC-Rio/Novas Ideias, 2008. p. 82-85.

NUNES, R. C. Cultura. **Instituto Grupo Veritas**. Disponível em: <http://portaligvp.org/home/cultura>. Acesso em: 26 jan. 2021.

OJIMA, R.; NASCIMENTO, T. C. L. Nos caminhos para o Nordeste: reflexões sobre os impactos diretos e indiretos da migração de retorno no período recente. **REDES – Revista do Desenvolvimento Regional**, Santa Cruz do Sul, v. 20, n. 2, p. 48-62, maio/ago. 2015. Disponível em: <https://www.researchgate.net/publication/305227837_NOS_CAMINHOS_PARA_O_NORDESTE_REFLEXOES_SOBRE_OS_IMPACTOS_DIRETOS_E_INDIRETOS_DA_MIGRACAO_DE_RETORNO_NO_PERIODO_RECENTE>. Acesso em: 26 jan. 2021.

OLIVEIRA, M. V. M.; CURTIS, M. C. G. Por um design mais social: conceitos introdutórios. **Revista D: Design, Educação, Sociedade e Sustentabilidade**, Porto Alegre, v. 10, n. 1, p. 20-36, 2018. Disponível em: <https://www.lume.ufrgs.br/bitstream/handle/10183/172835/001058743.pdf?sequence=1&isAllowed=y>. Acesso em: 29 jan. 2021.

OLIVEIRA, P. G. G. et al. Economia criativa e o empreendedorismo no Ceará: um estudo de campo em uma empresa de design. **Revista Brasileira de Gestão e Inovação**, Caxias do Sul, v. 3, n. 2, p. 110-126, jan./abr. 2016. Disponível em: <http://www.ucs.br/etc/revistas/index.php/RBGI/article/view/3765/2412>. Acesso em: 29 jan. 2021.

OLIVEIRA, T. P. Raízes históricas da proteção jurídica ao patrimônio cultural no Brasil. **Fórum de Direito Urbano e Ambiental (FDUA)**, Belo Horizonte, ano 11, n. 62 v. 1., mar./abr. 2012. Disponível em: <https://www.researchgate.net/publication/314088025_Raizes_historicas_da_protecao_juridica_ao_patrimonio_cultural_no_Brasil>. Acesso em: 26 jan. 2021.

OLIVEN, R. G. Patrimônio intangível: considerações iniciais. In: ABREU, R.; CHAGAS, M. (Org.). **Memória e patrimônio**: ensaios contemporâneos. Rio de Janeiro: Lamparina, 2009. p. 80-82. Disponível em: <http://www.reginaabreu.com/site/images/attachments/coletaneas/06-memoria-e-patrimonio_ensaios-contemporaneos.pdf>. Acesso em: 26 jan. 2021.

ONO, M. M. Desafios do design na mudança da cultura de consumo. In: SIMPÓSIO PARANAENSE DE DESIGN SUSTENTÁVEL, 1., 2009, Curitiba. **Anais**... Curitiba: Universidade Federal do Paraná, 2009. p. 87-91.

PAZMINO, A. V. Uma reflexão sobre design social, eco design e design sustentável. In: SIMPÓSIO BRASILEIRO DE Design SUSTENTÁVEL, 1., 2007, Curitiba. **Anais**... Curitiba: Universidade Federal do Paraná, 2007. p. 1-10. Disponível em: <http://naolab.nexodesign.com.br/wp-content/uploads/2012/03/PAZMINO2007-DSocial-EcoD-e-DSustentavel.pdf>. Acesso em: 29 jan. 2021.

PAZMINO, A. V.; SANTOS, A. S. Design e sustentabilidade: necessidade de quebra de paradigma no ensino. **Mix Sustentável**, Florianópolis, v. 3, n. 1, p. 10-16, 2017. Disponível em: <https://ojs.sites.ufsc.br/index.php/mixsustentavel/article/view/1670/1051>. Acesso em: 29 jan. 2021.

PELAES, M. L. W. Uma reflexão sobre o conceito de criatividade e o ensino da arte no ambiente escolar. **Revista Educação**, Guarulhos, v. 5, n. p. 1-1, 2010. Disponível em: <http://revistas.ung.br/index.php/educacao/article/view/537/634>. Acesso em: 29 jan. 2021.

PEREIRA, R. Sociedade da informação e construção do conhecimento: uma relação constituída em face das novas tecnologias de informação e comunicação e a Ciência da Informação. **Conexão ciência**, v. 4, n. 1, p. 75-84, 2009.

PEREIRA JUNIOR, C.; FARBIARZ, J. L.; SPITZ, R. Tecnologias de redes e produção colaborativa: o novo paradigma do design aberto. In: CONGRESSO BRASILEIRO DE PESQUISA E DESENVOLVIMENTO EM DESIGN, 12., Belo Horizonte, 2016. **Blucher Design Proceedings**, São Paulo, v. 9, n. 2, p. 116-126, 2016. Disponível em: <http://pdf.blucher.com.br.s3-sa-east-1.amazonaws.com/designproceedings/ped2016/0010.pdf>. Acesso em: 29 jan. 2021.

PINE, B. J.; GILMORE, J. H. **La economía de la experiencia**. Buenos Aires: Granica, 2001.

PREECE, J.; ROGERS, Y.; SHARP, H. Design **de interação**. Porto Alegre: Bookman, 2005.

PROCHNOW, A. G.; LEITE, J. L.; TREVIZAN, M. A. Manifestações culturais e corpóreas do enfermeiro na sua prática gerencial. **Texto & Contexto-Enfermagem**, Florianópolis, v. 15, n. 3, p. 449-457, 2006. Disponível em: <https://www.scielo.br/pdf/tce/v15n3/v15n3a09.pdf>. Acesso em: 26 jan. 2021.

QUEIROZ, M. de S. Representações sociais: uma perspectiva multidisciplinar em pesquisa qualitativa. In: BARATA, R. B.; BRICEÑO-LEÓN, R. (Org.) **Doenças endêmicas**: abordagens sociais, culturais e comportamentais. Rio de Janeiro: Fiocruz, 2000. p. 27-46.

RADOMSKY, G. F. W. Problemas e tensões entre as noções de produção, propriedade intelectual e cultura. **Horizontes antropológicos**, Porto Alegre, v. 18, n. 37, p. 155-183, jan./jun. 2012. Disponível em: <https://www.scielo.br/pdf/ha/v18n37/a07v18n37.pdf>. Acesso em: 28 jan. 2021.

RECH, S. R. Conceito de produto de moda. In: ENCUENTRO LATINOAMERICANO DE DISEÑO "DISEÑO EN PALERMO", Buenos Aires, 2012. **Actas de Diseño**, Buenos Aires, v. 13, p. 187-191, 2012. Disponível em: <https://fido.palermo.edu/servicios_dyc/publicacionesdc/archivos/396_libro.pdf>. Acesso em: 27 jan. 2021.

RIBEIRO, L. M.; COELHO, A. M. A economia da experiência. **Observatório de Inovação do Turismo – Revista Acadêmica**, Duque de Caxias, v. 2, n. 1, 2007. Disponível em: <http://bibliotecadigital.fgv.br/ojs/index.php/oit/article/view/5661/4376>. Acesso em: 29 jan. 2021.

ROCHA, E. Culpa e prazer: imagens do consumo na cultura de massa. **Comunicação Mídia e Consumo**, São Paulo, v. 2, n. 3, p. 123-138, mar. 2005. Disponível em: <http://revistacmc.espm.br/index.php/revistacmc/article/view/29/29>. Acesso em: 27 jan. 2021.

SÁ CESNIK, F.; BELTRAME, P. A. **Globalização da cultura**. Barueri, SP: Manole, 2005.

SALMAN, J. A.; FUJITA, J. S. Inovações tecnológicas baseadas na economia colaborativa ou economia compartilhada e a legislação brasileira: o caso Uber. **Revista de Direito, Economia e Desenvolvimento Sustentável**, Salvador, v. 4, n. 1, p. 92-112, jan./jun. 2018. Disponível em: <https://www.indexlaw.org/index.php/revistaddsus/article/view/4243/pdf>. Acesso em: 29 jan. 2021.

SANTOS, B. C. S. A importância do design para tornar as redes sociais mais interativas. **Texto livre: linguagem e tecnologia**, v. 6, n. 1, p. 150-164, jun. 2013.

SANTOS, L. C. C.; SANTI, V. J. Relações sincrônicas e diacrônicas na prática jornalística: do período industrial ao pós-industrial. **Aturá: Revista Pan-Amazônica de Comunicação**, Palmas, v. 1, n. 3, p. 62-86, 2017. Disponível em: <https://sistemas.uft.edu.br/periodicos/index.php/atura/article/view/4613/12040>. Acesso em: 29 jan. 2021.

SARDEIRO, L. de A. A ética profissional e a ética do profissional. **Problemata**: Revista Internacional de Filosofía, v. 8, n. 3, p. 258-265, 2017. Disponível em: <https://periodicos.ufpb.br/index.php/problemata/article/view/35733/18791>. Acesso em: 28 jan. 2021.

SCHELER, M. **Formalism in ethics and non-formal ethics of values**: a new attempt toward the foundation of an ethical personalism. Evanston: Northwestern University Press, 1973.

SEBRAE – Serviço Brasileiro de Apoio às Micro e Pequenas Empresas. Disponível em: <www.sebrae.com.br>. Acesso em: 29 jan. 2021.

SEGATO, R. L. A antropologia e a crise taxonômica da cultura popular. **Anuário Antropológico**, v. 13, n. 1, p. 81-94, 1989. Disponível em: <https://periodicos.unb.br/index.php/anuarioantropologico/article/view/6411/7624>. Acesso em: 26 jan. 2021.

SEIVEWRIGHT, S. **Pesquisa e** design. Porto Alegre: Bookman, 2015.

SERAFIM, E. F. Design **e artesanato**: análise de modelos de atuação de design junto a grupos de produção artesanal. 153 f. Dissertação (Mestrado em Design, Tecnologia e Cultura) – Universidade Federal de Pernambuco, Recife, 2015. Disponível em: <https://repositorio.ufpe.br/bitstream/123456789/13894/1/Dissert_Elisa_Biblioteca%20OK.pdf>. Acesso em: 29 jan. 2021.

SHIGUNOV NETO, A.; MACIEL, L. S. B. Transformação social e modo de produção: do sistema pré-industrial ao sistema capitalista de produção. **Gestão em Ação**, Salvador, v. 9, n. 3, p. 339-350, set./dez. 2006. Disponível em: <http://www.gestaoemacao.ufba.br/revistas/rgav9n3alexandreneto.pdf>. Acesso em: 29 jan. 2021.

SIERRA, I. S.; OKIMOTO, M. L. L. R.; BECCARI, M. N. Disability studies e design: a dialética dos modelos de deficiência e de design. **Estudos em** Design, Rio de Janeiro, v. 27, n. 1, p. 134-148, 2019. Disponível em: <https://estudosemdesign.emnuvens.com.br/design/article/view/676/364>. Acesso em: 29 jan. 2021.

SILVA, S.; GALHARDO, A.; TORRES, R. O ritual da comunicação e o ritual do consumo: novas tribos, novos rituais. **Comunicação e Sociedade**, v. 19, p. 301-315, 2011. Disponível em: <https://www.researchgate.net/publication/312082182_O_ritual_da_comunicacao_e_o_ritual_do_consumo_novas_tribos_novos_rituais>. Acesso em: 27 jan. 2021.

SILVEIRA, A. L. M. da; BERTONI, C. F.; RIBEIRO, V. G. Premissas para o ensino superior do design. **Design e Tecnologia**, v. 6, n. 12, p. 21-30, 2016. Disponível em: <https://www.researchgate.net/publication/313545022_Premissas_para_o_ensino_superior_do_design>. Acesso em: 28 jan. 2021.

SILVEIRA, N. **Direito de autor no design**. São Paulo: Saraiva, 2017.

SIMMEL, G. The adventure. In: LEVINE, D. N. (Org.). **On individuality and social forms**: selected writings. Chicago; Londres: University of Chicago Press, 1971. p. 187-198.

SINGER, P. **Ética práctica**. Madri, Espanha: Ediciones Akal, 2009.

SMITH, C. **Moral, believing animals**: human personhood and culture. Oxford: Oxford University Press, 2003.

SOUZA, R. H. V. de. **Entre a lei e a cultura**: propriedade intelectual e patrimônio cultural. In: CISO – ENCONTRO NORTE E NOREDESTE DE CIÊNCIAS SOCIAIS/ PRÉ-AlAS BRASIL, 15., Teresina, 2012. (Comunicação).

SOUZA, W. J. de. O mundo que nós perdemos: da solidariedade pré-industrial à economia solidária. In: ENCONTRO DA ANPAD, 32, 2008. Rio de Janeiro, 2008. **Anais**... Rio de Janeiro: Anpad, 2008. Disponível em: <http://www.anpad.org.br/diversos/down_zips/38/APS-A220.pdf>. Acesso em: 29 jan. 2021.

STOKES, K. et al. **Making sense of the UK collaborative economy**. London: Nesta, 2014.

STRAIOTO, R. T.; SILVA, C. S.; FIGUEIREDO, L. F. Abordagem sistêmica do design e propriedade intelectual: o caso NAS Design. In: SD2017 - SYSTEMS & DESIGN FROM THEORY TO PRODUCT, Valência, Espanha, 2017. Disponível em: <http://ocs.editorial.upv.es/index.php/SD/SD2017/paper/viewFile/6651/3409>. Acesso em: 28 jan. 2021.

SUBIRATS, J. Notas acerca del Estado, la administración y las políticas públicas. **Revista de Estudios Políticos**, n. 59, p. 173-198, enero.-mar., 1988. Disponível em: <https://recyt.fecyt.es/index.php/RevEsPol/article/view/48047/0>. Acesso em: 28 jan. 2021.

SUZIGAN, W. Industrialização e política econômica: uma interpretação em perspectiva histórica. **Pesquisa e Planejamento Econômico**, Rio de Janeiro, v. 5, n. 2, p. 433-74, 1975. Disponível em: <https://ppe.ipea.gov.br/index.php/ppe/article/viewFile/646/588>. Acesso em: 29 jan. 2021.

TEIXEIRA, C. S. et al. O processo de revitalização urbana: economia criativa e design. **e-Revista LOGO**, Florianópolis, v. 5, n. 2, p. 37-56, 2016. Disponível em: <http://incubadora.periodicos.ufsc.br/index.php/eRevistaLOGO/article/view/4264/4821>. Acesso em: 29 jan. 2021.

TEIXEIRA, T. A. A. A carta de guerra. **Revista Juno**, v. 1, n. 4, p. 11-12, 2019.

TOMAZI, N. D. **Introdução à sociologia**. São Paulo: Atual, 2000.

TONETTO, L. M.; RENCK, P. B.; STEIN, L. M. Cognição, design e consumo: a racionalidade limitada na tomada de decisão. **Estudos em Design,** Rio de Janeiro, v. 20, n. 2, p. 1-18, 2012. Disponível em: <https://www.maxwell.vrac.puc-rio.br/20813/20813. PDFXXvmi=UzkQtWSDzFreNLzudd61KIv4U85F2ow WxSOsPH6pmxEbkdHzrNAdw7hrgn8iMGgLz5epMlQaU umgJ4PcSqppzISP618SHpEhuSHiexta4RqOWh1PIrfha 98gah9SHNadHSwWr17wTxlQPnHzPxR070hihqb0fmd WfKUIM2fGBCxr0g2QeTRmU9FdBRdQerOucJd0Ms Ho6gQ7wTxLNQ9J0OxCHbsVEiqR2ERP8AefQ6mn 0laOcjzd9wPQJjMnCefE>. Acesso em: 28 jan. 2021.

TURNER, B.; ELLIOT, A. **On society**. Cambridge: Polity, 2012.

TYLOR, E. B. **Primitive culture**: researches into the development of mythology, philosophy, religion, art and custom. London: Bradbury, Evans and Company, 1871.

TYLOR, E. B. **Religion in primitive culture**. Nova York: Harper Torchbooks, 1958.

UNCTAD – United Conference on Trade and Development. **Creative Economy Report**, 2010. Genebra: UNCTAD/DITC, 2010.

UNESCO – Organização das Nações Unidas para a Educação, a Ciência e a Cultura. **Textos base**: Convenção de 2003 para a Salvaguarda do Patrimônio Cultural Imaterial. 2003. Disponível em: <https://ich.unesco.org/doc/src/2003_Convention-Basic_texts_version_2012-PT.pdf>. Acesso em: 26 jan. 2021.

VÁZQUEZ, A. S. **Ética**. Tradução de João Dell'Anna. 24. ed. Rio de Janeiro: Civilização Brasileira, 2003.

VERDI, N.; STEFFEN, C.; GIULIANO, C. P. **A relação entre design, identidade e globalização através da análise do filme Mon Oncle**. In: SEPesq – SEMANA DE EXTENSÃO, PESQUISA E PÓS-GRADUAÇÃO CENTRO UNIVERSITÁRIO RITTER DOS REIS, 10. Porto Alegre. Comunicação de Pós-Graduação – 8ª edição. Porto Alegre, 2014. Disponível em: <https://www.uniritter.edu.br/uploads/eventos/sepesq/x_sepesq/arquivos_trabalhos/2968/324/317.pdf>. Acesso em: 27 jan. 2021.

WAITZ, T. **Introduction to anthropology**. Londres: Longman, Green, Longman & and Roberts, 1863.

WALKER, S. Desmascarando o objeto: reestruturando o design para sustentabilidade. **Revista Design em Foco**, Salvador, v. 2, n. 2, p. 47-62, jul./dez. 2005. Disponível em: <https://www.redalyc.org/pdf/661/66120205.pdf>. Acesso em: 29 jan. 2021.

XAVIER, T. M. **Experiência, hospitalidade e intenção de retorno**: um estudo exploratório com visitantes do Beach Park. 149 f. Monografia (Graduação em Turismo) – Universidade Federal do Rio Grande do Norte, Natal, 2019. Disponível em: <https://monografias.ufrn.br/jspui/bitstream/123456789/9001/1/ExperienciaHospitalidade_Xavier_2019.pdf>. Acesso em: 29 jan. 2021.

YAMAMOTO, R. K. K. **Papel social do designer gráfico**: realidades e premissas. 192 f. Trabalho de Conclusão de Curso (Bacharelado em Design) – Universidade de São Paulo, São Paulo, 2014. Disponível em: <https://www.fau.usp.br/fauforma/2015/assets/ricardo_yamamoto.pdf>. Acesso em: 27 jan. 2021.

SOBRE AS AUTORAS

Dayanna dos Santos Costa Maciel é mestre (2019) em Administração pelo Programa de Pós-Graduação em Administração da Universidade Federal da Paraíba (UFPB), tendo como área de concentração Administração e Sociedade. É também mestre (2014) em Recursos Naturais pelo Programa de Pós-Graduação em Recursos Naturais da Universidade Federal de Campina Grande (UFCG), com ênfase na linha de pesquisa Sustentabilidade e Competitividade. É graduada (2010) em Administração pela mesma instituição. Atua como pesquisadora no Grupo de Estudos em Gestão da Inovação Tecnológica (GEGIT – UFCG, cadastrado no diretório de grupos de pesquisa do Conselho Nacional de Desenvolvimento Científico e Tecnológico – CNPQ) na linha de pesquisa Inovação e Desenvolvimento Regional l com foco nos seguintes temas: administração geral, gestão da inovação, desenvolvimento regional. Atuou como pesquisadora do Grupo de Estratégia Empresarial e Meio Ambiente (GEEMA – cadastrado no diretório de grupos de pesquisa do CNPQ) na linha de pesquisa Estratégia Ambiental e Competitividade com ênfase em Modelos e Ferramentas de Gestão Ambiental.

Stephanie Freire Brito é graduada em Administração pela Universidade Estadual da Paraíba (UEPB). Tem experiência na área de Administração, com ênfase em Gestão Estratégica e Marketing. Atuou profissionalmente em setor de saúde pública, como encarregada de controle de qualidade em organização industrial e como gestora comercial. Atualmente, cursa MBA em Marketing e Inteligência de Mercado e Mestrado Acadêmico em Administração pela Universidade Federal de Campina Grande (UFCG). No campo científico, tem desenvolvido pesquisas sobre estratégia, sustentabilidade, cidades sustentáveis, indicadores de sustentabilidade, setores produtivos e empresas.

Os papéis utilizados neste livro, certificados por instituições ambientais competentes, são recicláveis, provenientes de fontes renováveis e, portanto, um meio **responsável e natural de informação e conhecimento.**

FSC
www.fsc.org
MISTO
Papel | Apoiando
o manejo florestal
responsável
FSC® C103535

✸

Os livros direcionados ao campo do Design são diagramados com famílias tipográficas históricas. Neste volume foram utilizadas a **Garamond** – criada pelo editor francês Claude Garamond em 1530 e referência no desenho de fontes nos séculos seguintes – e a **Frutiger** – projetada em 1976 pelo suíço Adrian Frutiger para a sinalização do aeroporto Charles de Gaulle, em Paris.

Impressão: Reproset
Julho/2023